Happy-Aging statt Anti-Aging

Gerhard Sprakties

Happy-Aging statt Anti-Aging

Glücklich und sinnerfüllt alt werden

Gerhard Sprakties
Mannheim, Baden-Württemberg
Deutschland

ISBN 978-3-662-59413-1   ISBN 978-3-662-59414-8 (eBook)
https://doi.org/10.1007/978-3-662-59414-8

Die Deutsche Nationalbibliothek verzeichnet diese Publikation in der Deutschen Nationalbibliografie; detaillierte bibliografische Daten sind im Internet über http://dnb.d-nb.de abrufbar.

© Springer-Verlag GmbH Deutschland, ein Teil von Springer Nature 2019
Das Werk einschließlich aller seiner Teile ist urheberrechtlich geschützt. Jede Verwertung, die nicht ausdrücklich vom Urheberrechtsgesetz zugelassen ist, bedarf der vorherigen Zustimmung des Verlags. Das gilt insbesondere für Vervielfältigungen, Bearbeitungen, Übersetzungen, Mikroverfilmungen und die Einspeicherung und Verarbeitung in elektronischen Systemen.
Die Wiedergabe von allgemein beschreibenden Bezeichnungen, Marken, Unternehmensnamen etc. in diesem Werk bedeutet nicht, dass diese frei durch jedermann benutzt werden dürfen. Die Berechtigung zur Benutzung unterliegt, auch ohne gesonderten Hinweis hierzu, den Regeln des Markenrechts. Die Rechte des jeweiligen Zeicheninhabers sind zu beachten.
Der Verlag, die Autoren und die Herausgeber gehen davon aus, dass die Angaben und Informationen in diesem Werk zum Zeitpunkt der Veröffentlichung vollständig und korrekt sind. Weder der Verlag, noch die Autoren oder die Herausgeber übernehmen, ausdrücklich oder implizit, Gewähr für den Inhalt des Werkes, etwaige Fehler oder Äußerungen. Der Verlag bleibt im Hinblick auf geografische Zuordnungen und Gebietsbezeichnungen in veröffentlichten Karten und Institutionsadressen neutral.

Einbandabbildung: © aletia 2011 / stock.adobe.com

Springer ist ein Imprint der eingetragenen Gesellschaft Springer-Verlag GmbH, DE und ein Teil von Springer Nature.
Die Anschrift der Gesellschaft ist: Heidelberger Platz 3, 14197 Berlin, Germany

Für Britta

Geleitwort

In einer Zeit, in der alt zu werden und alt zu sein für viele Menschen in unserer Gesellschaft ein Problem ist, stellt sich Gerhard Sprakties der Aufgabe, Wege für ein sinnerfülltes Leben auch im hohen Alter aufzuzeigen.

Der Autor, der evang. Theologie und Diakoniewissenschaften studiert hat, setzte sich auch eingehend mit der „Logotherapie und Existenzanalyse" auseinander, deren Begründer, Viktor E. Frankl, als einer der großen Humanisten des 20. Jahrhunderts gilt. Die Frage nach dem Sinn menschlichen Daseins ist das zentrale Problem im Lebenswerk von Frankl. Die drei Jahre, die er in vier Konzentrationslagern, darunter in Auschwitz verbrachte, wurden zu einem „Testfall" für seine Lehren. Diese Jahre zeigten ihm in aller Deutlichkeit, dass der Mensch seine Menschlichkeit verliert, der Sinn in seinem Leben verliert; in gleicher Weise erfuhr er, dass kein menschliches Leben seinen Sinn zu verlieren braucht, unter keinen Umständen, nicht einmal in Auschwitz.

Viktor Frankl war nicht nur ein humorvoller Mensch; er hat den Humor in Therapie und Beratung sehr erfolgreich eingesetzt. Diese Fähigkeit des Menschen zur Selbstdistanzierung bezeichnet er auch als „eine Waffe der Seele im Kampf um ihre Selbsterhaltung". Gerhard Sprakties ist ebenfalls ein sehr humorvoller Mensch, was er im vorliegenden Buch eindrucksvoll beweist. Allein der Titel „Happy-Aging statt Anti-Aging" wird bei vielen Lesern ein Schmunzeln hervorlocken.

Prof. Dr. Randolph Ochsmann
(Leiter der Akademie für Logotherapie
und Existenzanalyse, Mainz)

Vorwort

„Nichts macht so alt wie der ständige Versuch,
jung zu bleiben."
Robert Mitchum

Nachdem im Jahr 2013 meine Konzeption einer Sinnorientierten Altenseelsorge im Neukirchener Verlag erschien, wurde ich wiederholt von Freundinnen und Freunden gefragt, ob ich nicht ein weiteres Buch über das Alter(n) schreiben kann, dass noch intensiver auf die Fragen rund um das Thema eingeht und ein breiteres Publikum anspricht.[1] Diesem Wunsch bin ich mit dem vorliegenden Werk gerne nachgekommen. Auch wenn sich die hier dargelegten Überlegungen primär auf meine Erfahrungen in

---

[1] Das Buch ist noch als E-Book (PDF) bei Vandenhoeck & Ruprecht erhältlich: Gerhard Sprakties, Sinnorientierte Altenseelsorge. Die seelsorgliche Begleitung alter Menschen bei Demenz, Depression und im Sterbeprozess, Göttingen 2014. Als Blindenhörbuch erschien es bei: Deutsche Blindenstudienanstalt e. V. Bildungs- und Hilfsmittelzentrum für Blinde und Sehbehinderte, Am Schlag 2-12, 35037 Marburg.

der Altenseelsorge beziehen, bedeutet dies nicht, dass sie für die Frage, wie ein glückliches und sinnerfülltes Altern gelingen kann, keine allgemeine Bedeutung haben. Die Situation der von mir betreuten Heimbewohner/Innen spiegelt die zugespitzte Problematik von Menschen im fortgeschrittenen Alter wieder. Dass sich bei vielen Menschen schon bei dem Wort „Alter" ein ungutes Gefühl einstellt zeigt, wie notwendig eine möglichst frühzeitige Auseinandersetzung mit dem Thema ist. Vielleicht wird sich der interessierte Leser fragen, wie ich selber dazu kam, mich so intensiv mit dem Altwerden zu beschäftigen.

Zwei Themen haben meinen privaten und beruflichen Werdegang ganz entscheidend geprägt, da ist zunächst mein Interesse an der sinn- und wertzentrierten Psychotherapie Viktor E. Frankls sowie die Frage, wie der Alterungsprozess unser Leben prägt. Letzteres kam daher, dass mein Vater bei meiner Geburt bereits 58 Jahre alt war und ich ihn vor allem im fortgeschrittenen Alter als überaus lebensfrohen und agilen Mann erleben durfte. Während meines Zweitstudiums der Diakoniewissenschaften habe ich auch einige Zeit als Pflegehelfer in einem Seniorenheim in Heidelberg gearbeitet und mich nebenbei eingehend mit dem Thema Altern befasst. Seit 2001 bin ich nun als evangelischer Altenseelsorger in mehreren Heimen in Mannheim tätig. In den letzten Jahren habe ich bei meiner Arbeit erkannt, wie wichtig gerade im fortgeschrittenen Alter die Sinnfrage ist. Anhand vieler Beispiele aus der Praxis will ich aufzeigen, dass trotz aller sich im Alter häufenden Verlusterfahrungen und körperlich-seelischen Belastungen ein glückliches und sinnerfülltes Alter(n) möglich ist.

Gerhard Sprakties

Danksagung

„Dankbarkeit ist das Gedächtnis des Herzens."
Jean-Baptiste Massillon

Es ist mir ein Herzensanliegen all denen zu danken, die mir bei der Entstehung des Buches auf ihre je eigene Weise geholfen haben. Da sind zunächst all die betagten Frauen und Männer zu nennen, die ich in den letzten Jahren seelsorglich begleiten durfte und die mir ihr Vertrauen geschenkt haben. Ganz besonders danken möchte ich Herrn Heiko Sawczuk, der mein Buchprojekt beim Springer-Verlag betreut hat und mir stets mit Rat und Tat freundlich und kompetent behilflich war. Auch Frau Ishani Sarkar, Frau Ulrike Niesel, Frau Monika Radecki und Herrn Frank Schindler vom Springer-Verlag möchte ich für Ihre Bemühungen danken. Frau Ilse Pfaller hat mir beim Korrekturlesen des Manuskripts geholfen und mich auf lustige Fehler aufmerksam gemacht. Bei meinen Lehrerinnen und Lehrern in Logotherapie und Existenzanalyse möchte ich mich ebenfalls von Herzen bedanken:

Prof. Randolph Ochsmann, Dr. Stephan Peeck, Prof. Elke Stadelmann, Dr. Matthias Spaleck, Katrin Harbarth, Prof. Wolfram Kurz, Günter Funke (†). Ohne sie wäre dieses Buch so nicht möglich gewesen. Zu guter Letzt möchte ich mich bei Britta Busch und Eric Windisch bedanken, die während des Schreibprozess immer für mich da waren und mich in vielfältiger Weise unterstützt haben. Falls ich in dieser Danksagung jemand vergessen haben sollte, möge er es mir verzeihen und sich mit mir über das fertige Buch freuen.

Mannheim Gerhard Sprakties
im März 2019

Inhaltsverzeichnis

1 **Einleitung**   1
1.1 Glücklich und sinnerfüllt alt werden   1
1.2 Happy-Aging statt Anti-Aging   4

2 **Überlegungen zur Sinnfindung im Alter vor dem Hintergrund der sinn- und wertzentrierten Psychotherapie Viktor E. Frankls**   13
2.1 Macht es Sinn, über den Sinn nachzudenken?   13
2.2 Sinn – ein „semantisches Chamäleon"   18
2.3 Der konkrete Sinn einer Situation   20
2.4 Der Lebenssinn eines Menschen   23
2.5 Der „Übersinn" oder der Glaube an Gott   24
2.6 Ein Leben für den Sinn – Stationen in Viktor E. Frankls Werdegang   26

3 Werte als Wegweiser zum Sinn — 29
- 3.1 Sinn finden durch ein schöpferisches Tun — 32
- 3.2 Sinn finden durch Erlebnisse — 33
- 3.3 Sinn finden durch die Verwirklichung von Einstellungen — 35
- 3.4 Interview: Werteverwirklichung im fortgeschrittenen Alter am Beispiel von Frau N. — 37

4 Sinnkrisen im Alter — 43
- 4.1 Der alte Mensch vor der Sinnfrage — 43
- 4.2 Das Leiden am sinnlosen Leben — 46
- 4.3 Einsamkeit im Alter — 48
- 4.4 Wege aus der Einsamkeit – Wege zum Sinn — 59
- 4.5 Zerstört eine Demenzerkrankung den Sinn? — 65
- 4.6 Depression im Alter — 69
- 4.7 Wenn alles keinen Sinn mehr macht: Suizid im Alter — 72

5 Dem Sinn auf der Spur: positive Sinnquellen im Alter — 77
- 5.1 Frohsinn im Alter — 77
- 5.2 Gelassen alt werden — 86
- 5.3 Erinnerungen stiften Sinn — 91
- 5.4 Muss Altern erfolgreich sein? — 95
- 5.5 Vom Nutzen positiver Altersbilder — 100
- 5.6 Gesund alt werden — 102
- 5.7 Späte Sehnsucht: Reisen im fortgeschrittenen Alter — 106
- 5.8 Spätes Glück – Liebe im Alter — 112
- 5.9 Generativität im Alter — 118

5.10	Leben, um etwas weiterzugeben: „Der Mann mit den Bäumen"	126
5.11	Alt wie ein Baum: spirituelle Resilienz	132
5.12	Achtsamkeitsübung: Mein Freund der Baum	142
5.13	Sinnfindung in der Natur	144

6 Happy-Ending — 153
  6.1 Die Kunst des Abdankens — 153
  6.2 Sinn wartet auf uns — 156
  6.3 Prinzip Hoffnung – unser Sinnhorizont — 161

7 Nachwort — 169

Literatur — 171

Über den Autor

Gerhard Sprakties, geb. 1962, evang. Pfarrer und Dipl. Diakoniewissenschaftler, Studium der evangelischen Theologie in: Berlin, Tübingen, Heidelberg, Basel. Lehrvikar in Pforzheim. Vikar im Sonderdienst in Strasbourg. Pfarrvikar in: Wertheim, Neulußheim, Heidelberg. Seit 2001 Pfarrer für Altenheimseelsorge in Mannheim. Zweitstudium der Diakoniewissenschaften in Heidelberg. Ausbildung zum Logotherapeuten und Existenzanalytiker in Berlin und Mainz.

1

Einleitung

1.1 Glücklich und sinnerfüllt alt werden

Wir sollten jeden Tag wie ein neues Leben beginnen.
Edith Stein

Noch nie zuvor hatten Menschen in unserem Land die Möglichkeit, so lange zu leben wie heute. Die Lebenserwartung steigt und dadurch auch die Zahl alter Menschen. Trotz dieser Entwicklung fällt vielen der Übergang vom Älterwerden zum Altsein nicht leicht. Unsere Gesellschaft orientiert sich heute noch immer am Ideal immerwährender Jugend. Ratgeber, wie man das Altern frühzeitig aufhalten kann, sind gefragt. Wer wünscht sich nicht, glücklich und sinnerfüllt alt zu werden? Das klingt so einfach und ist in Wirklichkeit doch oft schwer. Mit zunehmendem Alter wächst das Risiko von körperlich-seelischen Beeinträchtigungen und von Verlusterfahrungen. Das näher rückende Lebensende macht vielen Angst, und die Sinnfrage steht im Raum. Wofür lohnt es sich noch zu leben? „Welchen Sinn hat hohes Alter, Altern überhaupt?"[1]

Wenn für uns etwas Sinn macht, dann bedeutet das nicht nur, dass es für uns stimmig ist und zu uns passt, sondern es geht dabei immer auch um die Frage, welche Bedeutung etwas für uns hat. Bezogen auf unser Thema heißt das, inwiefern ist Sinn für ein glückliches und erfülltes Altern wichtig oder, anders formuliert, können wir auch ohne Sinn glücklich alt werden? Die Altersforscher machen uns heute ja nicht nur auf die Folgen des demografischen Wandels aufmerksam, nein, sie verkünden, dass wir in Zukunft alle die Chance haben, 120 Jahre alt zu werden. Doch die Frage, die sich mir dabei stellt, lautet: Bedeutet der Zugewinn an Jahren auch einen Zugewinn an Glück? Der Soziologe Peter Gross spricht mit Blick auf die neue Hochaltrigkeit bzw. Langlebigkeit bereits von der Gefahr einer „Sinnfinsternis" im Alter.[2] Denn nicht jede/jeder kann offenbar mit der gewonnenen Zeit etwas anfangen. Einige geraten infolge dieser Entwicklung im Alter in eine Sinnkrise. Vor diesem Hintergrund stellt sich mir die Frage, was kann getan werden, dass es im Alter erst gar nicht so weit kommt, und falls bereits Sinnkrisen entstanden sind, wie können diese wieder überwunden werden. Ausgehend von meiner Konzeption einer sinnorientierten Altenseelsorge will ich Wege vom Trübsinn zum Sinn aufzeigen.[3] Ich will

---

[1] Urte Bejick, Erfolglos altern – mit allen Sinnen, (unveröffentlichtes Manuskript), S. 1. Sie hielt den Vortrag am 16.10.2017 auf der Jahrestagung der Altenseelsorge der Evangelisch-lutherischen Landeskirche in Hannover.

[2] Peter Gross, Wir werden älter. Vielen Dank. Aber wozu?, Freiburg im Brsg. 2013, S. 22 f.

[3] Vgl. Gerhard Sprakties, Sinnorientierte Altenseelsorge. Die seelsorgliche Begleitung alter Menschen bei Demenz, Depression und im Sterbeprozess, Neukirchen-Vluyn 2013.

ressourcenorientiert diejenigen Faktoren nennen, die es uns ermöglichen, trotz der vielfältigen Altersbeschwerden glücklich und sinnerfüllt zu altern.

Zunächst will ich jedoch der Frage nachgehen, was Glück mit Blick auf das Älterwerden bzw. Altsein bedeutet und welche Rolle dabei der heute weit verbreitete Trend zum Anti-Aging spielt. In 5 Kapiteln wird das Thema Sinnfindung im Alter dann näher entfaltet. In Kap. 2 und 3 beschreibe ich, ausgehend von der sinn- und wertzentrierten Psychotherapie Viktor E. Frankls, die verschiedenen Arten von Sinn und die möglichen Wege zu ihrer Verwirklichung.

In Kap. 4 gehe ich auf einige im Alter besonders häufig anzutreffende Sinnkrisen ein und zeige Wege zu deren Überwindung auf. Da ich in meinem Buch „Sinnorientierte Altenseelsorge"[4] bereits ausführlich auf Demenz und Depression im Alter eingegangen bin, will ich diese Krankheiten hier nur kurz behandeln. Wenn ich im Folgenden statt von Depression wiederholt von Trübsinn spreche, dann meine ich damit eine Befindlichkeit, die mir bei meiner Arbeit in der Altenseelsorge öfter begegnet. Diese ist gekennzeichnet durch Gefühle der Sinnlosigkeit und Niedergeschlagenheit und muss nach meinem Dafürhalten nicht gleich einen Krankheitswert haben.

An Beispielen aus der Praxis will ich zeigen, dass durch positive soziale Kontakte bzw. eine sinnorientierte seelsorgliche Begleitung es in vielen Fällen zu einer Trübsinnerhellung kommt. In Kap. 5 nenne ich dann weitere positive Sinnquellen fürs Alter, die maßgeblich zu einem glücklichen und sinnerfüllten Leben im Alter beitragen. Dazu gehören für mich z. B. schöne Erinnerungen, das bewusste Erleben der Natur, eine Liebe in späten Jahren

---

[4] A. a. O.

sowie Frohsinn und eine Haltung heiterer Gelassenheit. Zu guter Letzt will ich in Kap. 6 „Happy-Ending" deutlich machen, dass auch der Glaube an Gott bzw. Spiritualität einen ganz wichtigen Beitrag zu einem glücklichen und sinnerfüllten Altern leisten. Ich bin davon überzeugt, dass unser Leben erst im Lichte eines Sinnhorizonts seine Erfüllung findet. Ich wünsche dem Leser viel Freude bei der Lektüre und hoffe, dass mein Buch einen kleinen Beitrag zu einem glücklichen und sinnerfüllten Altwerden leisten kann.

1.2 Happy-Aging statt Anti-Aging

> „Dass die Vögel der Sorge und des Kummers
> über deinem Haupt fliegen, kannst du nicht hindern.
> Doch kannst du verhindern, dass sie Nester
> in deinem Haar bauen."
> Martin Luther

Wenn wir uns fragen, wofür der Mensch eigentlich lebt, dann gibt es darauf natürlich viele Antworten. Wir können sagen, um Gutes zu tun, um Spaß zu haben, um etwas zu leisten, um uns selbst zu verwirklichen usw. Aber gibt es nicht etwas, das letztlich für alle Menschen gleichermaßen gilt? Beim griechischen Philosophen Platon finden wir eine mögliche Antwort auf diese Frage.

Er sagt: „Alle Menschen wollen glücklich sein."[5] Das klingt so einfach, und dennoch habe ich mich gefragt, was macht Menschen eigentlich glücklich – insbesondere im Alter –, und ist Glück nicht für jeden etwas anderes?

---

[5]Vgl. Peter Stemmler, Platons Dialektik: Die frühen und mittleren Dialoge, Berlin/New York 1992, S. 161. (Platon; Euthd. 278c 3-6; Men. 78a 4-8; Symp. 205a 1-8).

1 Einleitung

Wenn ich Sie jetzt einmal ganz persönlich frage, wann sind Sie das letzte Mal glücklich gewesen, dann weiß ich nicht, ob Ihnen darauf spontan eine Antwort einfällt? Mit dem Glück ist das so eine Sache. Und gibt es nicht auch das Glück, das aus fragwürdigen Vergnügungen und Genüssen entsteht, wie zum Beispiel das Streben nach Lust, Reichtum und Ehre? Ist dies vielleicht der Grund, weshalb Aristoteles betont, dass es beim Glück nicht nur um ein subjektives Glücksgefühl geht, sondern um das gute und gelungene Leben insgesamt?[6] Er verbindet das Streben nach Glück daher mit der Tugend (gr. = arete), einer inneren Einstellung/Haltung, die aus sich heraus das Rechte und Gute tut. Glück ist für ihn kein Selbstzweck, sondern etwas, das sich nachträglich einstellt, wenn jemand gut und richtig handelt. Ähnlich sieht es Viktor E. Frankl, der schreibt:

„Je mehr der Mensch nach Glück jagt, umso mehr verjagt er es auch schon. Um dies zu verstehen, brauchen wir nur das Vorurteil zu überwinden, dass der Mensch im Grunde darauf aus sei, glücklich zu sein; was er in Wirklichkeit will, ist nämlich, einen Grund dazu zu haben. Und hat er einmal Grund dazu, dann stellt sich das Glücksgefühl von selbst ein."[7]

Das Zitat macht deutlich, dass man Glück oft nicht auf direktem Weg erlangt, sondern gleichsam als Nebeneffekt einer Tätigkeit bzw. Aufgabe, die uns innerlich erfüllt und die wir als sinnvoll und stimmig ansehen. Wenn ich hier von Glück spreche, dann geht es mir nicht um ein kurzfristiges Augenblicksglück, sondern um ein langfristiges Zufriedenheitsglück. Letzteres setzt sich für mich aus den

---

[6] Der von Aristoteles gebrauchte Begriff „Eudaimonia" wird fälschlicherweise oft mit „Glückseligkeit" übersetzt!
[7] Viktor E. Frankl, Der Mensch vor der Frage nach dem Sinn, 7. Aufl., München 1989, S. 228.

vielen erfüllenden Momenten zusammen, „in denen wir eins sind mit uns selbst, unseren Erwartungen, unserem Tun und unserer Umwelt".[8]

Dass Glück keine Frage des Alters ist, zeigen neuere Untersuchungen. Aus der Generali Altersstudie von 2013 geht hervor, dass die Lebenszufriedenheit der Generation der 65- bis 85-Jährigen gegenüber jüngeren Personen nicht sinkt und in der Regel als „hoch" eingestuft werden kann.[9] Dies Ergebnis mag überraschen, da das höhere Alter ja in der Regel zahlreiche Belastungen physischer und psychischer Art mit sich bringt. Der Altersforscher Andreas Kruse schreibt mit Blick auf obige Studie:

> „Dieser Befund deutet auf bemerkenswerte Anpassungsleistungen älterer Menschen hin, die durchaus auch im Sinne der Widerstandsfähigkeit (Resilienz) gedeutet werden können. Das sogenannte Zufriedenheitsparadoxon – eine Verschlechterung der Situation wirkt sich nicht notwendigerweise negativ auf die Bewertung dieser Situation aus – spiegelt dabei nicht einfach eine … Verzerrung von Realität im Alter wider. Vielmehr ist das Zufriedenheitsparadoxon als Ergebnis einer Neubewertung der Situation zu verstehen, die ihrerseits auf veränderten subjektiven Kriterien für ein gutes Leben gründet."[10]

Wenn ich als Altenseelsorger hier über Happy-Aging, also über glücklich und sinnerfüllt alt werden, spreche, möchte ich Sie einladen, mit mir darüber nachzudenken, was dazu

---

[8]Vgl. Florian Langenscheidt, Langenscheidts Handbuch zum Glück, 6. Aufl., München 2012, S. 16.

[9]Vgl. Generali Altersstudie 2013, Wie ältere Menschen leben, denken und sich engagieren, hrsg. vom Generali Zukunftsfond und dem Institut für Demoskopie Allensbach, Frankfurt am Main 2012, S. 53 ff.

[10]Andreas Kruse, Lebenszufriedenheit aus psychologischer und gerontologischer Perspektive, S. 64, in: Generali Altersstudie 2013, a. a. O.

1 Einleitung

beiträgt, dass das Leben im fortgeschrittenen Alter gelingt. Heute ist ja viel von Anti-Aging die Rede, wobei es dabei jedoch nicht nur um die Vermarktung von Produkten zur Faltenbekämpfung geht, sondern um ein „hochtechnologisiertes und innovatives Projekt zur menschlichen Lebensverlängerung … welches auf der Grundlage biomedizinischer Erkenntnisse gezielt in den Alterungsprozess einzugreifen versucht, um ihn zu verlangsamen, aufzuhalten oder gar rückgängig zu machen"[11]. Das widersprüchliche Ziel der vielfältigen Anti-Aging-Strategien lautet: „Keiner muss so alt aussehen, wie er ist." Es geht darum, möglichst alt zu werden, ohne sichtbar zu altern. Die Schauspielerin Iris Berben (65) erklärte einmal in einem Interview, dass sie ihr Badezimmer in „Reparaturwerkstatt" umgetauft hat: „Weil ich festgestellt habe, dass auf sämtlichen Cremes und Tiegelchen, die ich benutze, ‚Repair' steht."[12] In einem Artikel des Magazins „Der Spiegel", der auf ihr Anti-Aging-Buch „Älter werde ich später"[13] verweist, heißt es: „Sie trinke täglich drei Liter Wasser (und, wie man sonst vernimmt, eine Flasche Rotwein), nehme Anti-Aging-Hormone (also Jung-bleib-Pillen) und belege ihr Gesicht regelmäßig mit Israel-Schlamm."[14]

Für die Wirtschaft ist der gegenwärtige Anti-Aging-Trend ein Riesengeschäft: „Das Marktforschungsunternehmen BCC Research verzeichnet seit Jahren wachsende Zahlen für den globalen Anti-Aging-Markt an Produkten und Dienstleistungen, zuletzt prognostizierte es einen Wert

---

[11]Larissa Pfaller, Anti-Aging als Form der Lebensführung, Wiesbaden 2016, S. 11.
[12]http://www.shz.de/deutschland-welt/boulevard/iris-berben-sieht-ihr-bad-als-reparaturwerkstatt-id6569566 (Stand:10.08.2016).
[13]Iris Berben, Älter werde ich später, Das Geheimnis schön und sinnlich, fit und entspannt zu sein, München 2005.
[14]http://www.spiegel.de/panorama/iris-berben-phantasie-ist-mehr-als-ein-knackarsch-a-121282.html (Stand: 10.08.2016).

von 345,8 Mrd. Dollar (US$, d. Vf.) für das Jahr 2018 mit einer durchschnittlichen jährlichen Wachstumsrate von 5,7 % zwischen 2013 und 2018 (BCC Research 2013).“[15]

Wer sein Alter(n) wie einen bösen Feind oder eine unheilvolle Krankheit betrachtet und ihm in einer Anti-Aging-Haltung begegnet, wird sich schwertun, sich über jedes neu gewonnene Jahr zu freuen. Ist das „Forever Young" der Popgruppe Alphaville wirklich erstrebenswert? Älter wird man schließlich in jedem Alter. Liegt das Glück der fortgeschrittenen Jahre wirklich im Ideal immerwährender Jugend? Kann nicht auch ein vom Alter gezeichnetes Leben mit Falten und weißen Haaren und all den Beschwernissen, die es mit sich bringt, ein erfülltes und glückliches Alter sein? Bei meiner Tätigkeit als Altenseelsorger habe ich ständig mit hochbetagten Menschen zu tun, die von Krankheit, Leid und Tod bedroht sind und auf mich dennoch einen überaus glücklichen Eindruck machen. Ich habe mich gefragt, wie ihnen das gelingt? Was gibt ihnen die Kraft, ihr oftmals so schweres Schicksal ruhig und tapfer zu ertragen, ohne dabei zu verzweifeln und verzagen? Gewiss gibt es keine Garantie auf ein glückliches und erfülltes Leben im Alter, aber ich bin fest davon überzeugt, dass uns, bewusst oder unbewusst, vor allem der Glaube an einen tieferen Sinn hilft, es zu verwirklichen. Wem es gelingt, im Alter(n) nicht nur einen Prozess des Verfalls und Niedergangs zu sehen, wie dies zum Beispiel Simone de Beauvoir in ihrem Essay „Das Alter" vertritt, sondern einen spirituellen Reife- und Wachstumsprozess, wie der Benediktinermönch Anselm Grün, wird auch seine Schattenseiten besser ertragen.[16] Für mich

---

[15]Larissa Pfaller, a. a. O.,67 S. 12.
[16]Vgl. Simone de Beauvoir, Das Alter, 4. Aufl., Reinbek bei Hamburg 2008 sowie Anselm Grün, Die hohe Kunst des Älterwerdens, 2. Aufl., Münsterschwarzach 2007.

bedeutet glücklich und sinnerfüllt Altwerden, so gesehen, einen spirituellen Weg zu gehen, der uns unserer göttlichen Bestimmung entgegenführt.

Was dies konkret bedeutet und wie es am besten verwirklicht werden kann, möchte ich im vorliegenden Buch näher entfalten. Dass für mich die Sinnfrage dabei eine ganz entscheidende Rolle spielt, werde ich näher darlegen. Für den Lebenskunstphilosophen Wilhelm Schmid steht fest: „Glück ist wichtig, aber wichtiger ist Sinn"? Dies gilt, wie ich in meinem Seelsorgebuch „Sinnorientierte Altenseelsorge" deutlich zu machen versucht habe, ganz besonders für Menschen im fortgeschrittenen Alter.[17] Sie fragen im Angesicht sich häufender Verlusterfahrungen und körperlich-seelischer Beeinträchtigungen nach dem, was ihrem Leben Sinn gibt. Mit Blick auf den bevorstehenden Sterbeprozess und Tod gewinnt die Sinnfrage zunehmend an Bedeutung. Was gibt uns im Angesicht von Hinfälligkeit, Krankheit und Vergänglichkeit Trost und Halt, und worin liegt der Unterschied zwischen Glück und Sinn? Für die Sinnforscherin Tatjana Schnell liegt der psychologische Unterschied darin, „dass bei der Sinnerfüllung das Wohlbefinden – also das Empfinden möglichst vieler positiver Gefühle – nicht die Hauptrolle spielt. Beim Sinn geht's darum, das persönlich Richtige und Wertvolle zu tun, das Sinnvolle hat Vorrang vor dem Angenehmen."[18]

Das Zitat macht deutlich, dass das sog. „Wohlfühlglück" allein keine Garantie für ein dauerhaftes Glück ist. Bedarf es nicht auch der unangenehmen, schmerzlichen und leidvollen Momente im Leben, um wahres Glück

---

[17]Gerhard Sprakties, Sinnorientierte Altenseelsorge, Die seelsorgliche Begleitung alter Menschen bei Demenz, Depression und im Sterbeprozess, a. a. O.
[18]Tatjana Schnell, Auf der Suche nach Sinn, in: Psychologie Heute, Februar 2014, S. 37 f.

empfinden zu können. Für Wilhelm Schmid besteht die Lebenskunst darin, nicht nur mit den Sonnenseiten des Lebens, sondern auch mit den Schattenseiten in konstruktiver Weise umgehen zu lernen. Er schreibt: „Ist es nicht so, dass Leben sich grundsätzlich in Polarität abspielt, zwischen Gegensätzen und Widersprüchen wie Gelingen und Misslingen, Erfolg und Misserfolg, Freude und Ärger, Mut und Angst, Lust und Schmerz, Gesundheit und Krankheit, Zufriedensein und Unzufriedensein, Fröhlichsein und Traurigsein?"[19] Wilhelm Schmid nennt dieses Glück das „Glück der Fülle".[20] Es ist nicht abhängig von subjektiven Wohlgefühlen oder günstigen und ungünstigen Zufällen, nein, es ist von dauerhafter Natur und umfasst auch Phasen der Niedergeschlagenheit und Traurigkeit.

Auch wenn Glück und Sinn zwei Seiten ein und derselben Medaille sind, so ist, auch mit Blick auf unsere immer unübersichtlicher werdende Welt, Sinn wichtiger. Ich stimme Jürgen Habermas zu, der in seinem Buch „Die Neue Unübersichtlichkeit" schreibt: „Wenn die utopischen Oasen austrocknen, breitet sich eine Wüste von Banalität und Ratlosigkeit aus."[21] Der Mensch braucht etwas, für das es sich zu leben lohnt, er braucht eine Aufgabe, einen Traum, eine Vision, eine Hoffnung und das Gefühl, dass sein Dasein einen Sinn hat. Ohne Lebensinhalt und ohne Ziel ist ein sinnerfülltes und glückliches Alter(n) nicht denkbar. Zu den utopischen Oasen gehört für mich aber immer auch die spirituelle Dimension. Erst durch sie gewinnt unser Leben letztlich an Tiefe und Weite. Der Mensch ist ein geistiges Wesen, das wahres

---

[19]Wilhelm Schmid, Unglücklich sein. Eine Ermutigung, Berlin 2012, S. 48.
[20]Ebd.
[21]Jürgen Habermas, Die Neue Unübersichtlichkeit. Kleine Politische Schriften V, Frankfurt am Main 1985, S. 161.

Glück erst in der Selbsttranszendenz, d. h. im Überschreiten des Selbst hin auf ein Werk, eine Idee oder eine Person, findet.[22] Ich möchte im Folgenden zeigen, was dies im Blick aufs Alter(n) konkret bedeutet.

Auch wenn Glück ein zentrales Leitthema der Postmoderne war, heute brauchen wir Sinn dringender. Für mich kann Glück nie ein wirklicher „Sinnersatz" sein.[23] Denn ob auch jemand, der sein Leben als zutiefst sinnlos empfindet, glücklich alt wird, wage ich zu bezweifeln. So gesehen ist Albert Einstein zuzustimmen, wenn er schreibt: „Wer sein eigenes Leben und das seiner Mitmenschen als sinnlos empfindet, der ist nicht nur unglücklich, sondern auch kaum lebensfähig."[24] Um glücklich alt werden zu können, bedarf es immer wieder der „Sinnvergewisserung und Lebensdeutung".[25] Für mich ist Sinnerfüllung aber kein Selbstzweck, sondern dient letztlich dem Ziel, ein glückliches Leben führen zu können. Der Dalai Lama sagt: „Ich bin überzeugt, dass der Sinn des Lebens darin besteht, glücklich zu sein."[26]

---

[22]Vgl. Viktor E. Frankl, Grundriß der Existenzanalyse und Logotherapie, in: Logotherapie und Existenzanalyse. Texte aus fünf Jahrzehnten, München 1987, S. 80 f., sowie Ingrid Riedel, Selbsttranszendenz – Vertrauen als die Kunst, über sich hinauszugehen, DVD HF 16-P6D, erhältlich bei: Auditorium-Netzwerk D-79379 Müllheim. (Es handelt sich dabei um einen Plenumsvortrag auf dem Kongress „Spiritualität im Leben" vom 2.–5. Juni 2016 der Akademie Heiligenfeld in Bad Kissingen).
[23]Vgl. Wilhelm Schmid, „Die Menschen werden des Glücks müde", Ein Gespräch mit dem Philosophen Wilhelm Schmid über Glück, Unglück und Melancholie, in: Psychologie Heute Oktober 2012, S. 26.
[24]Albert Einstein, Mein Weltbild, Frankfurt am Main/Berlin/Wien 1980, S. 10.
[25]Vgl. Wilhelm Gräb, Religion als Deutung des Lebens: Perspektiven einer Praktischen Theologie gelebter Religion, Gütersloh 2006, S. 22 f.
[26]Dalai Lama, Der Sinn des Lebens, Freiburg i. Brsg. 2008, S. 14.

2

Überlegungen zur Sinnfindung im Alter vor dem Hintergrund der sinn- und wertzentrierten Psychotherapie Viktor E. Frankls

2.1 Macht es Sinn, über den Sinn nachzudenken?

„Sinnfindung im Alter ist mit Vorsicht zu genießen.
Es könnte sich um Starrsinn handeln."
Renzie Thom

Wann haben Sie sich das letzte Mal die Sinnfrage gestellt oder, anders formuliert, darüber nachgedacht, was Ihrem Leben Sinn gibt? Wenn Ihnen auf diese Frage spontan keine Antwort einfällt, können Sie darüber eigentlich ganz beruhigt sein, denn für den Begründer der Psychoanalyse Sigmund Freud stand fest: „Im Moment, da man nach Sinn und Wert des Lebens fragt, ist man krank …"[1] Trotz dieser Ansicht Freuds möchte ich Sie einladen, mit

---

[1] Sigmund Freud, Briefe 1873–1939, Frankfurt am Main 1960, S. 429.

mir gemeinsam der Frage nachzugehen: Macht es Sinn, über den Sinn nachzudenken? Für Viktor E. Frankl, einen Wiener Kollegen von Sigmund Freud, war nämlich genau das Gegenteil der Fall. In einem Festvortrag in der Wiener Hofburg sagte er:

> „Nun, ich persönlich bin nicht der Ansicht, daß es sich da um eine Krankheit handelt, etwa um das Symptom einer Neurose. Vielmehr meine ich, daß der Mensch damit, daß er die Frage nach dem Sinn des Lebens stellt, ja mehr als das, daß er wagt, die Existenz eines solchen Sinnes sogar infrage zu stellen, – ich meine, daß der Mensch damit nur seine Menschlichkeit manifestiert. Noch nie hat ein Tier danach gefragt, ob das Leben einen Sinn hat. Das tut eben nur der Mensch, und das ist nicht Ausdruck einer seelischen Krankheit, sondern der Ausdruck seiner Mündigkeit würde ich sagen."[2]

Bevor ich näher darauf eingehe, wie heute Sinn erlebt und gefunden werden kann, möchte ich kurz beschreiben, wie ich selber zu diesem Thema gekommen bin. Als ich vor fast 20 Jahren meine Arbeit als Pfarrer für Altenseelsorge in drei großen Mannheimer Altenpflegeheimen begann, konnte ich nicht ahnen, dass für mich die Sinnfrage eine so große Bedeutung bekommen würde. Ich hatte mich zwar während meines Studiums der evangelischen Theologie näher mit der sinn- und wertzentrierten Psychotherapie Viktor E. Frankls befasst, jedoch eher theoretisch. Bei meiner Arbeit mit pflegebedürftigen alten Menschen im Heim stellte ich jedoch sehr bald fest, dass

---

[2]Festvortrag, gehalten anlässlich des Donauland-Sachbuchpreises am 8. November 1976 im Zeremoniensaal der Wiener Hofburg. (In: Viktor E. Frankl, Der Mensch vor der Frage nach dem Sinn, 7. Aufl., München 1989, S. 46).

dieses Thema für sie ganz konkret von großer Bedeutung ist. Die meisten Heimbewohner/innen mussten ganz plötzlich und unvorbereitet in ein Heim übersiedeln, weil sie durch eine schwere Krankheit oder einen Sturz dazu gezwungen wurden. Sie mussten ihr selbstständiges Leben in den eigenen vier Wänden aufgeben und in das meist negativ besetzte Hilfesystem Pflegeheim übersiedeln. Durch den Verlust der eigenen Wohnung sowie des vertrauten Lebensumfelds kommt es nicht selten zum Gefühl der Entfremdung. Hinzu kommt häufig der Verlust von geliebten Menschen, wie z. B. durch den Tod des Lebenspartners oder von Angehörigen und Freunden. Es entsteht nicht selten das Gefühl des „Allein-Übrig-Bleibens". Viele Heimbewohner/innen leiden unter dem Verlust der Selbstständigkeit und erleben sich als fremdbestimmt. Als besonders schmerzlich wird das Gefühl erlebt, nicht mehr gebraucht zu werden und nicht mehr nützlich zu sein. Zu den beschriebenen Verlusterfahrungen und Problemen, die eine Übersiedlung in ein Pflegeheim mit sich bringt, kommen noch die vielfältigen Krankheiten und körperlich-seelischen Beeinträchtigungen, denen die meisten Heimbewohner/innen ausgesetzt sind. Vor diesem Hintergrund mag es nicht überraschen, wenn sich diesen alten Menschen die Sinnfrage in ihrer ganzen Dringlichkeit stellt. Eine hochbetagte bettlägerige Heimbewohnerin sagte mir einmal im Verlaufe eines Seelsorgegesprächs: „Mein Leben hat einfach kein Sinn mehr. Wenn man so alt und krank ist wie ich, sollte man sterben dürfen." Auch wenn die Sinnfrage nur selten so explizit gestellt wird, steht sie doch meiner Erfahrung nach in vielen Seelsorgegesprächen im Hintergrund.

Für mich steht fest: Der Mensch strebt, solange er lebt, ob bewusst oder unbewusst, nach Sinn. Er braucht den Sinn genauso dringend wie der Körper die Luft zum Atmen oder die Nahrung als Speise. Vielleicht wird jetzt jemand einwenden, solange es dem Menschen gut gehe und er keine größeren Krisen durchzustehen habe, wird er in der Regel nicht nach dem Sinn fragen. Für mich steht fest: Es stimmt, die Sinnproblematik wird meist erst dann bedeutsam, wenn uns der Sinn fraglich geworden ist oder wir ihn verloren haben. Solange der Mensch damit beschäftigt ist, seine Grundbedürfnisse zu sichern, wie z. B. mit der Beschaffung von Nahrung, Kleidung und Wohnung, wird er sich kaum mit dieser Thematik befassen. So gesehen mutet die Beschäftigung mit der Sinnfrage wie ein Luxusproblem unserer modernen Überfluss- und Konsumgesellschaft an. Jedoch bereits in der Bibel steht: „Der Mensch lebt nicht vom Brot allein, sondern von einem jeden Wort, das aus dem Mund Gottes geht." (Matthäus 4,4/5. Mose 8,3) Was Jesus mit dieser Aussage meint, wird für mich vor dem Hintergrund meiner Tätigkeit in den Altenpflegeheimen deutlich. Auch das beste Heim ist für die Bewohner/innen kein wirkliches Daheim, solange nur ihre Grundbedürfnisse nach dem „Warm-satt-sauber-Prinzip" befriedigt werden. Nein, der Mensch will mehr! Er will, dass auch sein seelischer Hunger bzw. seine religiös-spirituelle Sehnsucht gestillt wird. Dies gilt aber nicht nur für Menschen im fortgeschrittenen Alter, nein, auch junge Menschen haben dieses Verlangen. Ein Jugendroman, den ich einmal las, trug den Titel „Es muß im Leben doch mehr als alles geben".[3] Ich habe mich gefragt, ob es wirklich mehr sein muss, und dann noch mehr als „alles"? Können wir uns nicht mit dem begnügen, was wir so alles unser Eigen nennen: die schöne Wohnung, das schnittige Auto, die jährliche Urlaubsreise, den Laptop, das neueste Handy, die

---

[3] Norbert Klugmann, Es muß im Leben doch mehr als alles geben, Reinbek bei Hamburg 1982.

gut bezahlte Arbeitsstelle und den großen Freundes- und Bekanntenkreis? Klar, nicht jeder von uns besitzt diese Dinge und doch gibt es Menschen, die all dies haben und die dennoch nach dem Sinn ihres Lebens fragen. Sie spüren tief in ihrem Inneren, dass dies nicht alles sein kann, dass es da etwas geben muss, dass all dies übersteigt.

Der Theologe Paul Tillich schrieb bereits in den 60er-Jahren: „Das entscheidende Element in der gegenwärtigen Situation des westlichen Menschen ist der Verlust der Tiefe."[4] Doch was versteht er genau unter „Dimension der Tiefe", und inwiefern ist sie seiner Meinung nach verloren gegangen? Er sagt: „Es bedeutet, daß der Mensch die Antwort auf die Frage nach dem Sinn des Lebens verloren hat, die Frage danach, woher er kommt, wohin er geht, was er tun und was er aus sich machen soll in der kurzen Spanne zwischen Geburt und Tod."[5] Und er fährt fort: „Diese Fragen finden keine Antwort mehr, ja, sie werden nicht einmal mehr gestellt, wenn die Dimension der Tiefe verloren gegangen ist. Und genau dies hat sich in unserer Zeit ereignet."[6] Für Paul Tillich ist die „Dimension der Tiefe", die „religiöse Dimension des Menschen": „Religiös sein bedeutet, leidenschaftlich nach dem Sinn unseres Lebens zu fragen und für Antworten offen zu sein, auch wenn sie uns tief erschüttern."[7] Nach dieser Auffassung ist Religion etwas universal Menschliches, etwas, das zu jedem Menschen gehört.

Nicht wenige Menschen kommen im Verlaufe ihres Lebens zu der Einsicht, dass ihr Besitz, ihre Arbeit, ihr Erfolg, ihre Gesundheit usw. ihren Durst, ihren Hunger

---

[4]Paul Tillich, Die verlorene Dimension, Not und Hoffnung unserer Zeit, Hamburg 1962, S. 8.
[5]Ebd.
[6]Ebd.
[7]Ebd.

nach Sinn nur bedingt stillen können. Sie spüren, dass dies nicht der ganze Sinn ihres Lebens ist, sondern dass es da etwas geben muss, das dies übersteigt. Es muss im Leben doch mehr als alles geben, etwas, das sie unbedingt angeht, etwas, das ihrem Leben wirklich Sinn und Tiefe geben kann. Elisabeth Lukas, eine Schülerin Viktor E. Frankls, merkt hierzu an:

> „Wir Menschen brauchen Sinn, brauchen ihn mehr noch als Brot zum Leben. Denn was nützen uns die Güter der Welt, wenn wir uns leer, überflüssig und an die Absurdität eines Chaos ausgeliefert fühlen, in keinen Sinnzusammenhang eingebettet, von nichts getragen, in nichts geborgen, ohne Herkunft und Endziel unterwegs? Gewiss beruhigt uns das tägliche Brot, doch nur Leib und Psyche; den Hunger unserer Geistseele vermag es nicht zu stillen. Nur wenn auf dem Hintergrund des Alltags ein Schimmer jenes Ur-Sinns aufleuchtet, der ‚im Anfang war' und die ganze Schöpfung durchglüht, und sei der Schimmer im Hier und Jetzt seines Augenblicks noch so winzig, kehrt Ruhe in unser Herz ein …"[8]

2.2 Sinn – ein „semantisches Chamäleon"[9]

„Der Sinn – und dieser Satz steht fest –
ist stets der Unsinn, den man lässt."
Odo Marquard

---

[8] Elisabeth Lukas, Wertfülle und Lebensfreude, Profil Verlag München 2006, S. 24 f.
[9] Wolfram Kurz, Seel-Sorge als Sinn-Sorge: Zur Analogie von kirchlicher Seelsorge und Logotherapie, in: Wege zum Menschen, 37. Jg. 1985.

Sinn ist ein überaus komplexer Begriff, mit ganz unterschiedlichen Bedeutungsinhalten. Im deutschen Sprachgebrauch bezeichnet Sinn zum Beispiel ein Werkzeug sinnlicher Wahrnehmung, wie z. B. das Sehen, Hören, Schmecken, Fühlen, Riechen. Sinn fragt aber auch nach dem Bedeutungsgehalt einer Sache, z. B. welchen Sinn hat es, eine Unfallversicherung abzuschließen, oder worin liegt der Sinn einer bestimmten Unterrichtseinheit? Mit dem Wort Sinn bezeichnet man auch eine Gemütsverfassung, z. B. er oder sie hat einen heiteren oder trüben Sinn. Sinn beschreibt aber auch die Ausstrahlung einer bestimmten Person, so heißt es z. B., sie oder er sei sinnlich. Sinn kann aber auch die Funktionstüchtigkeit oder den Zweck einer Sache bezeichnen, z. B. es ist sinnvoll, ein Praktikum zu machen, oder es ist sinnvoll, in der kalten Jahreszeit mit Winterreifen zu fahren. Umgangssprachlich spricht man auch davon, dass jemand etwas im Sinn hat, z. B. beabsichtigt, in Urlaub zu fahren oder ein Geschäft zu eröffnen. Diese ganz unterschiedlichen Bedeutungen von Sinn machen verständlich, warum es für diesen Terminus keine allgemeingültige Definition gibt. Darum ist es wichtig, immer genau zu überlegen, was im konkreten Fall gemeint ist, wenn man von Sinn spricht. Für mich ist Sinn „das, wozu mich meine persönliche Situation herausfordert, was mich unmittelbar angeht, was mich betrifft und betroffen macht, was mich begeistert, wofür ich leben will, wovon ich leben kann, was etwas Gutes bewirkt, wofür ich u.U. auch ein Leiden auf mich nehme."[10]

Interessant finde ich in diesem Zusammenhang auch die unterschiedlichen sprachgeschichtlichen Wurzeln des Begriffs Sinn. Im Germanischen brachte das Wort „Sinn"

---

[10]Ulrich Oechsle, Lebenslust im Alter – Von den Chancen und Grenzen des Alters, Vortrag vom 22.10.2005 beim Prälaturtag der LageS in Marbach, S. 2.

zum Ausdruck, dass man sich um eine Sache kümmert und auf sie achtet. Im Lateinischen bezog sich der Begriff auf den menschlichen Verstand, und im Althochdeutschen bedeutete Sinn (= „sinnan") eine Reise unternehmen, eine Fährte suchen, aber auch nach etwas streben. Hier wird deutlich, dass sich das Wort Sinn auf ganz unterschiedliche „räumliche und geistige Aktivitäten" bezog.[11] Auf den heutigen Sprachgebrauch des Begriffs Sinn übertragen bedeutet dies: Wer nach Sinn sucht, der muss sich erst einmal auf den Weg machen, der muss eine Reise unternehmen. Damit seine Suche aber nicht ins Leere geht, braucht er eine Richtung, ein Ziel. Um dies herauszufinden, bedarf es einer gewissen kognitiven Anstrengung, d. h. der nach Sinn suchende Mensch muss – wie dies die ursprüngliche lateinische Bedeutung des Wortes nahelegt – dazu seinen „Verstand" gebrauchen. Damit unsere Beschäftigung mit Sinn aufgrund der Komplexität des Begriffs nicht zu Unklarheiten führt, beziehe ich mich in diesem Buch auf die Terminologie Viktor E. Frankls. Dieser unterscheidet 3 Arten von Sinn, die ich im Blick auf unser Thema näher beschreiben möchte.

2.3 Der konkrete Sinn einer Situation

„Noch die kleinste Pfütze spiegelt den Himmel."
Litauisches Sprichwort

Für Frankl ist Sinn zunächst einmal eine konkrete „Möglichkeit vor dem Hintergrund der Wirklichkeit", d. h. jede Lebenssituation bietet dem Menschen die

---

[11]Renate Ruhland, Sinnsuche und Sinnfindung im Alter als geragogische Herausforderung, Berlin 2006, S. 15.

Möglichkeit, einen einmaligen, unverwechselbaren Sinn zu verwirklichen.[12]

Frankl merkt hierzu an:

„Jeder Tag, jede Stunde wartet also mit einem neuen Sinn auf, und auf jeden Menschen wartet ein anderer Sinn. So gibt es einen Sinn für einen jeden, und für einen jeden gibt es einen besonderen Sinn. Aus alledem ergibt sich, daß der Sinn, um den es da geht, ebenso von Situation zu Situation wie von Person zu Person wechseln muß. Aber er ist allgegenwärtig. Es gibt keine Situation, in der das Leben aufhören würde, uns eine Sinnmöglichkeit anzubieten, und es gibt keine Person, für die das Leben nicht eine Aufgabe bereithielte."[13]

Es kommt dabei freilich darauf an zu erkennen, welche Sinnmöglichkeit es im Hier und Jetzt zu realisieren gilt. Für mich ist die Sinnvergessenheit und Sinnblindheit in unserer modernen Zeit manchmal geradezu erschreckend. Ich will dies an einem Beispiel aus dem Alltag verdeutlichen. Als ich vor einiger Zeit mit der Straßenbahn von einer Schulkonferenz nach Hause fuhr, ging gerade die Sonne unter. Der Sonnenuntergang war an diesem Abend so unbeschreiblich schön, dass ich die ganze Zeit wie gebannt hinsehen musste. Die Sonne leuchtete von einem rot-orangenen Himmel in ihrer ganzen Pracht, und für mich waren in diesem Augenblick die Konferenz und der Stress des Vormittags plötzlich weit weg. Als ich meinen Nebenmann in der Straßenbahn auf dieses einmalige Schauspiel aufmerksam machte, sah er kurz aus der Tageszeitung auf und sagte mit einem flüchtigen Blick:

---

[12]Viktor E. Frankl, Das Leiden am sinnlosen Leben. Psychotherapie für heute, 20. Aufl., Freiburg i. Brsg. 2009, S. 28.
[13]Ebd., S. 30 f.

„Schön!" Danach vertiefte er sich weiter in die Schlagzeilen, die von einem Kindsmord, der Griechenlandkrise und anderen wenig erfreulichen Nachrichten berichteten. Das kleine Beispiel zeigt meines Erachtens deutlich, dass es eine Sinnvergessenheit gibt, die darin besteht, dass wir den Sinnanruf einer einmaligen Situation nicht ergreifen. Für die negativen Schlagzeilen wäre später sicher auch noch Zeit gewesen, aber der einmalige Sonnenuntergang kommt so schnell nicht wieder.

Bei meiner Tätigkeit als Seelsorger im Altenpflegeheim ist es mir daher zunächst ganz wichtig zu erspüren, worin der konkrete Sinn der Begegnung besteht, d. h. intuitiv zu erfassen, was bei meinem Gegenüber ansteht. Doch dazu ist es zunächst einmal wichtig, dass ich mit allen Sinnen die Situation wahrnehme. Was für eine Atmosphäre herrscht im Raum, welches Licht, welche Farben, welcher Geruch, welche Möbelstücke, welche Bilder hängen an der Wand usw. Was drückt das Gesicht meines Gegenübers aus (Mimik), wie ist die Atmung, wie seine Körperhaltung (Gestik), wie sehen die Kleider aus usw.? Mit welcher Stimme (hoch, tief, unverständlich, klar, belegt etc.) spricht der vor mir sitzende Mensch? In welcher Gemütslage/Verfassung (fröhlich, niedergeschlagen, müde, gereizt, aggressiv, gelangweilt etc.) treffe ich meinen Gesprächspartner/meine Gesprächspartnerin an? All dies ist für mich wichtig, will man dem einzigartigen, ja einmaligen Sinn der konkreten Begegnung wirklich gerecht werden. So gesehen bedarf es einer Mystik des Augenblicks. Der deutsche Barockdichter Andreas Gryphius hat es in einem Gedicht einmal so ausgedrückt:

> „Mein sind die Jahre nicht, die mir die Zeit genommen;
> mein sind die Jahre nicht, die etwa möchten kommen.
> Der Augenblick ist mein, und nehm' ich den in acht,
> so ist der mein, der Jahr und Ewigkeit gemacht."

2.4 Der Lebenssinn eines Menschen

„Wer ein Warum zum Leben hat,
erträgt fast jedes Wie."
Friedrich Nietzsche

Die nächste Sinngestalt, von der Frankl spricht, ist der Lebenssinn eines Menschen. Denn nicht nur jede einzelne konkrete Situation birgt Sinn, sondern auch das Leben als Ganzes. Doch ist es meist erst im Rückblick, d. h. in der Retrospektive, möglich – wenn überhaupt – zu sagen, welchen Sinn ein bestimmtes Leben hat. Frankl verdeutlicht dies am Beispiel eines Films. Er schreibt:

> „Denken wir doch nur an einen Film – er setzt sich aus Tausenden und Abertausenden von einzelnen Szenen zusammen, und jede einzelne trägt an den Zuschauer einen Sinn heran; aber der Sinn des ganzen Films dämmert uns erst gegen Ende der Vorstellung – vorausgesetzt, dass wir zunächst einmal auch den Sinn jeder einzelnen Situation ‚mitbekommen'! Und ergeht es uns im Leben nicht analog? Enthüllt sich uns der Sinn unseres Lebens wofern überhaupt, nicht ebenfalls erst zuletzt? Und hängt dieser End-Sinn unseres Lebens nicht ebenfalls davon ab, ob wir zunächst einmal den Sinn jeder einzelnen Situation erfüllen, nach bestem Wissen und Gewissen?"[14]

Auch wenn wir in bestimmten Situationen am Sinn unseres Lebens zweifeln, z. B. dann, wenn wir eine schlimme Krankheitsdiagnose gestellt bekommen haben oder wenn wir unerwartet arbeitslos geworden sind oder mit Eintritt ins Rentenalter, ist es durchaus möglich, dass uns diese

---

[14] Viktor E. Frankl, Der unbewusste Gott. Psychotherapie und Religion, 7. Aufl., München 1988, S. 105.

schwierigen Bewährungsproben dem Sinn unseres Lebens näherbringen. In der Seelsorge mit pflegebedürftigen alten Menschen erlebe ich es immer wieder, dass auf das gelebte Leben Rückschau gehalten und Bilanz gezogen wird. Was habe ich an Gutem und Schönem erlebt, was an Schwerem und Belastendem? Manchmal erkennt jemand in all dem einen roten Faden. Er erkennt, dass auch Krisen und Umwege durchaus ihren Sinn hatten, und es gelingt ihm, sich mit seiner Lebensgeschichte auszusöhnen.

2.5 Der „Übersinn" oder der Glaube an Gott

„An Gott glauben heißt sehen,
daß das Leben einen Sinn hat."
Ludwig Wittgenstein

Viktor E. Frankl kennt nicht nur den situativen Sinn sowie den Sinn des jeweils einzelnen Lebens, nein, er spricht auch von „Übersinn". Mit dieser Wortschöpfung will er den „Gesamtsinn" bzw. den „Sinn des Weltganzen" zum Ausdruck bringen.[15] Frankl ist davon überzeugt, dass, wenn jede einzelne Situation einen ganz spezifischen Sinn hat, auch das Ganze einen Sinn haben muss, und diesen nennt er „Übersinn". Mit diesem Begriff betritt er den Bereich des Glaubens. Er schreibt: „Der Sinn des Ganzen, der Übersinn, ist unbeweisbar; sein Beweis ist unmöglich – es wäre denn, wir beschränken uns auf einen Wahrscheinlichkeitsbeweis, indem wir erklären: Das Meiste hat

---

[15]Viktor E. Frankl, Der Mensch vor der Frage nach Sinn. Eine Auswahl aus dem Gesamtwerk, 1989, S. 268.

Sinn – hat je seinen, einen konkreten; so ist denn der Glaube daran, daß alles Sinn hat, wahrscheinlich ebenfalls sinnvoll."[16] Der Begriff „Übersinn" ist für Frankl letztlich eine Metapher für Gott.[17] Für Frankl ist der Glaube an einen Übersinn „von eminenter psychotherapeutischer und psychohygienischer Bedeutung".[18] Er schreibt:

> „Der religiöse Mensch ist selbst dann noch (gemeint ist: bei einem unabänderlichen Leiden bzw. in einer aussichtslosen Situation, d. Vf.) vor der Verzweiflung gefeit; denn er weiß darum, daß auch dann noch Gott von ihm etwas erwartet. Einen Sinn hat das Durchhalten trotz aller Aussichtslosigkeit einzig und allein dann, wenn man ahnt, daß ein unsichtbarer Zeuge und Zuschauer da ist. Erst im Angesicht Gottes, erst im Hinblick darauf, daß er es ist, vor dem der Mensch verantwortlich ist für die ihm abverlangte Erfüllung eines konkreten und persönlichen Lebenssinns, der auch noch Sinn des Leidens mit in sich einbegreift, wird das menschliche Dasein in eine Dimension hineingerückt, in der es bedingungslos lebenswürdig ist: unter allen Bedingungen und unter allen Umständen."[19]

Der Glaube an Gott ist für mich eine unerschöpfliche Sinnquelle.

---

[16]Viktor E. Frankl, Anthropologische Grundlagen der Psychotherapie, Bern/Stuttgart 1975, S. 307.
[17]Karlheinz Biller merkt hierzu an: „Da Frankl Sinn unter anderem auch als das >Gottgefällige< bezeichnet, überrascht es nicht, wenn Übersinn so viel wie Gott heißt oder ihn innerweltlich repräsentiert." (Karlheinz Biller, Der Sinn wartet auf den Menschen, S. 35, in: Otto Zsok (Hrsg.), Logotherapie in Aktion, München 2002).
[18]Viktor E. Frankl; Ärztliche Seelsorge, 8. Aufl., München 1975, S. 46.
[19]Viktor E. Frankl, Grundriß der Existenzanalyse und Logotherapie, in: Logotherapie und Existenzanalyse, S. 144 f.

2.6 Ein Leben für den Sinn – Stationen in Viktor E. Frankls Werdegang

„Der Sinn meines Lebens ist es, anderen zu helfen, ihren Sinn zu finden."
Viktor E. Frankl

Nachdem bereits so viel von Viktor E. Frankl die Rede war, erlauben Sie mir doch am Beispiel seines Lebens deutlich zu machen, inwiefern auch unter schwierigen Bedingungen Sinn gefunden werden kann. Frankl wurde im Jahr 1905 als Sohn jüdischer Eltern in Wien geboren und entschloss sich schon früh, Arzt zu werden. Eine Anekdote aus seiner Schulzeit belegt, dass er sich schon früh mit der Sinnfrage beschäftigte. Als ein Lehrer im Naturkundeunterricht erklärte, das Leben sei letztlich nichts anderes als ein Oxydationsvorgang, also ein Verbrennungsvorgang, soll er ihn gefragt haben: „Wenn das so ist, was für einen Sinn hat dann das Leben?"[20] Frankl stand bereits als Medizinstudent in direktem Kontakt mit den großen Psychologen seiner Zeit wie Sigmund Freud und Alfred Adler. Nach seiner Promotion zum Doktor der Medizin arbeitete er in der neuropsychiatrischen Klinik der Universität Wien. Dort kümmerte er sich um suizidgefährdete Patienten und Patientinnen. Nebenbei engagierte er sich in einer Beratungsstelle für arbeitslose Jugendliche mit psychischen Problemen. Er erkannte

---

[20]Viktor E. Frankl zitiert nach Holger Eschmann, Heilung durch Sinnfindung? Der Beitrag der Logotherapie und Existenzanalyse Viktor E. Frankls für die Seelsorge, überarbeiteter Vortrag, gehalten am 31. Mai 2003 auf dem 4. Internationalen Kongress für Psychotherapie und Seelsorge in Marburg. http://www.akademieps.de/.../ 1813-DO5-2003-05-27-Eschmann,%20Holge… (Stand: 16.11.2012).

während dieser Tätigkeit, dass deren Depression letztlich darauf zurückzuführen war, dass sie sich sagten: „Ich bin arbeitslos, folglich bin ich nutzlos, folglich ist mein Leben sinnlos." Frankl merkt hierzu an:

> „Es handelte sich also im Grunde um ein Sinnlosigkeitsgefühl, das die Depression ausgelöst hatte! Und das konnte dadurch nachgewiesen werden, daß in dem Augenblick, in dem es mir gelungen war, diese jungen Leute in irgendeine Jugendorganisation oder in eine öffentliche Bücherei oder in eine Volkshochschule einzuschleusen, wo sie eine unbezahlte, ehrenamtliche Funktion übernehmen konnten, die sie auch persönlich ansprach, im selben Augenblick die Depression verschwunden war …"[21]

Mit der Machtergreifung Hitlers begann für Frankl eine bittere Zeit. Er wurde zusammen mit seiner geliebten Frau Tilly und fast der ganzen Familie ins Konzentrationslager verschleppt. Im Rückblick auf seine 3 Jahre in 4 verschiedenen Lagern (unter anderem war er auch in Auschwitz inhaftiert) schreibt er: „In den Konzentrationslagern hatte ich Gelegenheit, die Logotherapie (= er meint damit die von ihm entwickelte sinn- und wertorientierte Psychotherapie; d. Vf.) auf die Feuerprobe zu stellen. Tatsächlich war die Lektion von Auschwitz, dass der Mensch ein sinnorientiertes Wesen ist. Wenn es überhaupt etwas gibt, das ihn auch noch in einer Grenzsituation aufrechtzuerhalten vermag, dann ist es das Wissen darum, dass das Leben einen Sinn hat, und sei es nur, dass sich dieser Sinn erst in der Zukunft erfüllen lässt. Die Botschaft von

---

[21]Viktor E. Frankl, Logotherapie und Existenzanalyse. Texte aus sechs Jahrzehnten, Beltz Verlag Weinheim und Basel 1987, S. 259. (Der Vortrag Frankls stammt aus dem Jahr 1985 und trug den Titel „Hunger nach Brot – und Hunger nach Sinn").

Auschwitz lautete: der Mensch kann nur überleben, wenn er auf etwas hin lebt. Und wie mir scheint, gilt dies nicht nur vom Überleben des einzelnen Menschen, sondern auch vom Überleben der Menschheit."[22] Als Frankl im Herbst 1944 vom Fleckfieber gezeichnet und nicht einmal mehr 40 kg wiegend befreit wurde, kam für ihn der große Schock. Seine über alles geliebte Frau sowie seine Eltern und sein Bruder waren in den Todeslagern umgekommen. Er stand ganz allein in München an den Ufern der Isar und wollte seinem Leben ein Ende setzen, da vernahm er einen starken Sinnanruf von innen: „Was hätte dein Überleben für einen Sinn gehabt, wenn du jetzt deinem Leben ein Ende setzen würdest?"[23] Frankl hat überlebt, und er hat aus den schrecklichen Erfahrungen für sich den Schluss gezogen: Es kommt „nie und nimmer darauf an, was wir vom Leben zu erwarten haben", sondern vielmehr darauf, „was das Leben von uns erwartet". Wir sind es letztlich, die auf die Fragen, die uns das Leben stellt, eine Antwort finden müssen, und wir sind es, die es zu verantworten haben.[24] Frankl hat sein Leben der Sinnfrage gewidmet und sich stets für Menschen eingesetzt, die unter einem lähmenden Sinnlosigkeitsgefühl gelitten haben. Er starb nach einem erfüllten Leben im hohen Alter von 92 Jahren. Sein Leben ist für mich ein Beleg dafür, dass Sinn auch unter schwierigsten Bedingungen gefunden werden kann.

---

[22]Ebd. S. 2.
[23]Viktor E. Frankl zitiert nach Ulrich Oechsle, Lebenslust im Alter – Von den Chancen und Grenzen des Alters, Vortrag vom 22.10.2005 beim Prälaturtag der LageS in Marbach, S. 6. http://www.lages.wue.de/index.php?id=51&no_cache=1&file… (Stand: 16.11.2012).
[24]Vgl. Viktor E. Frankl, Ärztliche Seelsorge, a. a. O., S. 72.

3

Werte als Wegweiser zum Sinn

„Werte können wir nicht lehren –
Werte müssen wir leben."
Viktor E. Frankl

Auch wenn bislang primär von der religiösen Sinnfindung die Rede war, dürfte klar sein, dass ein Mensch auch ohne Religion Sinn finden kann. Für Viktor E. Frankl ist die Sinnerfüllung stets an die Realisierung von Werten gebunden. Werte sind für ihn „Sinnuniversalien", d. h. umfassende „Sinnmöglichkeiten".[1] Erscheint etwas als wertvoll, dann hat es in der Regel auch eine positive Bedeutung, besitzt eine gewisse Geltung und Wichtigkeit. Werte sind „Ziele, die der Mensch durch sein Handeln anstrebt".[2] In

---

[1] Viktor E. Frankl, Ärztliche Seelsorge, a. a. O., S. 58.
[2] Norbert Jung, (u. a. Hrsg.): Auf dem Weg zu gutem Leben. Die Bedeutung der Natur für seelische Gesundheit und Werteentwicklung, Opladen 2012, S. 116.

unserer westlichen Gesellschaft stehen heute Werte wie Leistung, Konsum, Gesundheit, Genuss, Autonomie, Mobilität, Fitness, Geschwindigkeit hoch im Kurs. Ob sich für diese ein Leben lohnt, muss natürlich jeder/jede selber entscheiden. Ich bezweifle aber, dass sie für Menschen im fortgeschrittenen Alter noch die gleiche Bedeutung haben wie für junge Menschen. Wer sich im Alter am Ideal immerwährender Gesundheit, Schönheit und Jugendlichkeit orientiert, wird zwangsläufig scheitern.

Um glücklich und sinnerfüllt alt zu werden, bedarf es einer gewissen Werteflexibilität. Es kommt darauf an, nicht länger der Steigerungslogik des Noch-Besser, Noch-Schneller, Noch-Mehr zu folgen. Vielleicht sollten jetzt Werte wie Mäßigung und Selbstbescheidung, Werte wie Entschleunigung und Langsamkeit sowie Werte wie Verzicht und Beschränkung im Vordergrund stehen. Damit wir uns nicht falsch verstehen, ich meine damit kein Leben auf Sparflamme, sondern eines, das sich seiner Fragmenthaftigkeit und Grenzen bewusst ist. Es geht letztlich darum, „wie man trotz Erfahrungen von Belastungen, Einschränkungen und Verlusten das Leben so führen kann, dass es lebensvoll und sinnvoll erscheint".[3] Wer sich im Alter an Vergehendes und Vergangenes festklammert, wird unfrei. Ein Loslassen, verstanden im Sinne von heiterer Gelassenheit, führt hingegen zu Freiheit und Unabhängigkeit. Der Philosoph Immanuel Kant soll z. B. mit Blick auf sein im Alter nachlassendes Gehör gesagt haben: „Meine Schwerhörigkeit hat immerhin den Vorteil, dass ich den Unfug nicht hören muss, der in meiner Umgebung immer wieder verbreitet wird."[4]

---

[3]Heinz Rüegger, Vom Sinn im hohen Alter. Eine theologische und ethische Auseinandersetzung, Zürich 2016, S. 152.
[4]Immanuel Kant zitiert nach: Bernhard A. Grimm, Älter wird man in jedem Alter. Aussöhnung mit einer Selbstverständlichkeit, EOS Klosterverlag, Ostfildern 2006, S. 56.

Eine zu unflexible und einseitige Wertorientierung birgt für mich aber noch eine andere Gefahr. Wer sich zu sehr auf einen einzigen Wert fixiert, riskiert, bei dessen Verlust in eine tiefe existenzielle Krise zu geraten. Der Pensionsschock, den viele nach Eintritt ins Rentenalter erleiden, ist nur ein Beispiel für diesen Umstand. Daher ist es ratsam, schon frühzeitig, d. h. nicht erst im Alter, ein breites Repertoire unterschiedlicher Werte zu verfolgen. Beim Verlust eines Wertes, z. B. der Arbeit bzw. der Erfüllung im Berufsleben, kann dann die Liebe zur Familie oder ein erfüllendes Hobby oder ein Ehrenamt im kulturellen, diakonischen, religiösen oder politischen Bereich treten. Für Viktor E. Frankl ist die Sinnfindung, wie bereits gesagt, immer an die Verwirklichung von Werten gebunden. Doch in welchem Zusammenhang steht nun ein konkreter Wert zum Sinn? Ein Hunderteuroschein hat z. B. einen ganz konkreten Wert. Was sein Besitzer, d. h. eine konkrete Person mit diesem Wert in einer bestimmten Situation macht, ist letztlich ihr selbst überlassen, ist der von ihr zu verwirklichende Sinn. Frankl kennt 3 Straßen zum Sinn, d. h. 3 Möglichkeiten, Werte zu realisieren und dadurch Sinn zu finden:

a) durch die Verwirklichung von schöpferischen Werten,
b) durch die Verwirklichung von Erlebniswerten und
c) durch die Verwirklichung von Einstellungswerten.

Ich will kurz auf jede der 3 Wertkategorien eingehen, um zu zeigen, wie durch sie Sinn – auch unter den Bedingungen eines Altenpflegeheims – gefunden werden kann.

3.1 Sinn finden durch ein schöpferisches Tun

„Schaffen ist Schöpfen,
Erfinden ist Finden.
Gestaltung ist Entdeckung."
Martin Buber

Die erste Möglichkeit, Sinn zu erfüllen, bietet sich dem Menschen durch die Verwirklichung von schöpferischen Werten. Solange er gesund ist, kann er durch Werke und Taten Sinn verwirklichen. Er kann z. B. ein Haus bauen, einen Garten anlegen, ein Buch schreiben, ein Bild malen usw. Es gibt für einen Menschen kaum eine beglückendere Erfahrung von Sinn, als wenn er eines von ihm geschaffenen Werkes ansichtig wird. Frankl ordnet die schöpferischen Werte dem tätigen, schaffenden Menschen (= homo faber) zu. Die Vielfalt der menschlichen Berufe und Tätigkeiten zeigt, welche Fülle an Möglichkeiten es gibt, Sinn durch schöpferische Werte zu verwirklichen.

Bei meiner Arbeit im Altenpflegeheim klagen viele Bewohner/innen jedoch gerade darüber, dass für sie aufgrund der vielfältigen gesundheitlichen Beeinträchtigungen (Stichwort „Multimorbidität") keine sinnvolle Betätigung mehr möglich ist und sie scheinbar zum Nichtstun gezwungen sind. Hier geht es in der sinnorientierten Seelsorge darum, gemeinsam mit den Betroffenen zu überlegen, welche Sinnmöglichkeiten ihnen noch offenstehen. In den meisten Häusern gibt es ein überaus vielfältiges Angebot des sozial-kulturellen Dienstes bzw. der Beschäftigungstherapie. In einem von mir betreuten Heim besuchen die Bewohner/innen besonders gerne die Kochgruppe. Hier kann sich jeder nach seinen Möglichkeiten und Fähigkeiten einbringen. Das gemeinsame Kochen und anschließende Essen der selbst hergestellten Mahlzeit ist für die meisten ein beglückendes und sinnstiftendes Erlebnis. Aber Sinn im Medium von schöpferischen Werten kann nicht nur durch ein handwerkliches Tun oder kreatives Gestalten verwirklicht werden, sondern auch durch ein aktives Mitgestalten, z. B. bei Geburtstagsfeiern, Gottesdiensten oder bei der Mitwirkung im Heimbeirat usw.

3.2 Sinn finden durch Erlebnisse

„Denken ist wundervoll,
aber noch wundervoller ist Erlebnis."
Oscar Wilde

Die zweite Möglichkeit der Sinnerfüllung bieten nach Frankl die Erlebniswerte. Der Mensch kann nicht nur durch ein aktives Tun Sinn verwirklichen, sondern auch durch ein passives Rezipieren, d. h. indem er eine ihm wertvoll erscheinende Realität in sein Inneres überführt. Frankl nennt diese Werte Erlebniswerte und ordnet sie dem liebenden Menschen (= homo amans) zu. Auf die reiche Fülle an Möglichkeiten von Sinnfindung durch die Verwirklichung von Erlebniswerten macht der Theologe und Logotherapeut Wolfram Kurz aufmerksam: „Wenn der Mensch die erhabenen Bilder der Natur, die schönen Bilder der Kunst, die ergreifenden Bilder der Musik oder das einzigartige Bild einer geliebten Person in sein Inneres hineinnimmt, wenn er sich beeindrucken läßt, die Bilder intellektuell in ihrer Struktur nachzeichnet und emotional in ihren Farbtönen und Tonfarben nachfühlt, dann ereignet sich das, was Frankl Erlebnis nennt."[5] Die Beispiele machen deutlich, dass wir unser Leben nicht nur durch die Verwirklichung von Taten mit Sinn bereichern können, sondern auch durch die Hingabe an eine Erlebnismöglichkeit. Dies setzt allerdings auf der Seite des Menschen eine gewisse „Offenheit, Beeindruckbarkeit, Genußfähigkeit und Wertfühligkeit voraus".[6] Als ich einmal mit einem Studienkollegen den Botanischen Garten in Berlin besuchte, in dem ich selbst viel Zeit verbracht hatte und den ich über alles liebte, sagte er als Reaktion auf meine große Begeisterung: „Ich weiß gar nicht, was du an dem Grünzeug finden kannst."

In den von mir betreuten Altenpflegeheimen gibt es eine Vielzahl an Möglichkeiten, Erlebniswerte zu verwirklichen. So werden z. B. von Zeit zu Zeit Kino- und Theaterbesuche sowie Kegelnachmittage angeboten. Regelmäßig können Bewohner/innen Spaziergänge unternehmen und diverse kulturelle Veranstaltungen besuchen. In den meisten Heimen gibt es die Möglichkeit, regelmäßig an bestimmten Gruppen, wie z. B. einer Gymnastik- oder Tanzgruppe, Gedächtnistraining, Spielegruppe usw., teilzunehmen. Dass diese Angebote viel zur Sinnfindung beitragen, zeigt z. B. die Äußerung einer Heimbewohnerin in der Hauszeitschrift der städtischen Altenheime Mannheim. Sie schreibt dort: „Ich nehme regelmäßig an den hausinternen und externen Veranstaltungen teil. Dies bringt eine Struktur und vor allen Dingen Sinnhaftigkeit in mein Leben."[7]

---

[5]Wolfram Kurz, Der leidende Mensch im Lichte der Logotherapie, Einführung in das psychotherapeutische Denken Viktor E. Frankls, in: Zentralblatt für Jugendrecht, 73. Jahrgang, Heft 4/1986, S. 123.
[6]Ebd.
[7]In: „die kleine Rundschau", Hauszeitschrift für die Altenpflegeheime Mannheim GmbH, Nr. 45 vom 15. März 2007, S. 29.

3.3 Sinn finden durch die Verwirklichung von Einstellungen

„Man muss sich auch von sich selbst nicht alles gefallen lassen."
Viktor E. Frankl

Frankl kennt neben der Sinnfindung durch die Verwirklichung von schöpferischen Werten und Erlebniswerten aber noch eine dritte Art von Werten, er nennt sie Einstellungswerte. Immer dann, wenn ein Mensch durch ein unabänderliches Schicksal, z. B. eine unheilbare Krankheit, nicht mehr dazu in der Lage ist, Sinn durch schöpferische Werte oder Erlebniswerte zu verwirklichen, ist er aufgefordert, Einstellungswerte zu realisieren. Frankl ordnet diese Werte dem leidenden Menschen (= homo patiens) zu. Er schreibt: „Es gibt nämlich eine weitere Hauptgruppe von Werten, deren Verwirklichung eben darin gelegen ist, wie der Mensch zu seiner Einschränkung seines Lebens sich einstellt. Eben in seinem Sichverhalten zu dieser Einengung seiner Möglichkeit eröffnet sich ein neues, eigenes Reich von Werten, die sicherlich sogar zu den höchsten gehören … Diese Werte wollen wir Einstellungswerte nennen."[8] Gerade im Altenpflegeheim, aber natürlich nicht nur da, haben wir es sehr oft mit Menschen zu tun, die einer Vielzahl von körperlichen und psychischen Beeinträchtigungen ausgesetzt sind, die sie nur bedingt verändern können. In der seelsorglichen Begleitung dieser Personen geht es darum, ihnen zu einer Einstellung zu verhelfen, die es ihnen erlaubt, ihr Leiden innerlich anzunehmen und es in Würde zu tragen. Ein Beispiel für eine gelungene Einstellungsmodulation

---

[8]Viktor E. Frankl, Ärztliche Seelsorge, a. a. O., S. 61.

fand ich in einem Interview mit dem bekannten Fernsehunterhalter Alfred Biolek. Tobias Haberl von der Süddeutschen Zeitung hatte den 80-Jährigen in seiner Kölner Wohnung 2017 besucht, um zu sehen, wie es ihm heute geht. Alfred Biolek war im Jahr 2010 auf einer Treppe schwer gestürzt und musste daraufhin am Kopf und an der Schulter operiert werden. Er lag danach für einige Zeit im Koma, erlitt einen Gedächtnisverlust und ging für 3 Monate in eine Reha-Klinik. Seither ist er auf einen Rollator angewiesen und benötigt Hilfe im Alltag. **Tobias Haberl** fragte: „Sie waren als Genießer bekannt, als gebildeter, sinnlicher, kultivierter Mensch, der gern kocht, isst, reist, ins Konzert und ins Theater geht. Was genießen Sie heute?" **Alfred Biolek:** „Es ist eigenartig: Obwohl ich fast alles, was mein Leben ausgemacht hat, nicht mehr machen kann, lebe ich immer noch gern. Ich bin schon in der Gegenwart, aber ich lebe von den Erinnerungen. Ich kann nicht mehr ins Flugzeug steigen und nach Indien fliegen, das ist vorbei. Meine Ansprüche sind kleiner, mein Radius ist enger geworden, aber so ist der Mensch: Wenn eine Sache nicht mehr geht, sucht er sich Ersatz und freut sich über andere, kleinere Dinge, die noch möglich sind, die einem früher gar nicht aufgefallen sind." **Tobias Haberl:** „Was könnte das sein?" **Alfred Biolek:** „Ein Blick aus dem Fenster auf den Park. Ich beobachte, wie sich die Jahreszeiten ablösen und die Natur sich verändert. Ich habe immer Blumen in der Wohnung. Gelegentlich bekomme ich einen Strauß geschenkt, und wenn nicht, kaufe ich im Supermarkt ein paar Rosen, die billigen in der Plastikfolie, trenne die Blüten ab und lege sie in Wassergläser. Der Anblick macht mich glücklich."[9]

---

[9] „Ich kann noch Karotten schnippeln, aber für mehr reicht es nicht", Interview von Tobias Haberl mit Alfred Biolek, in: Süddeutsche Zeitung Magazin 2017, S. 134.

Bei meinen Besuchen im Heim erlebe ich es immer wieder, dass Heimbewohner/innen, denen es gesundheitlich sehr schlecht geht, einen erstaunlich zufriedenen und glücklichen Eindruck machen, während andere, die sich noch einer recht guten Gesundheit und Mobilität erfreuen, sehr unzufrieden und unglücklich sind. Eine bettlägerige ältere Dame sagte mir einmal: „Früher war ich jung und gesund und unglücklich, heute bin ich alt, krank und glücklich!" Das kleine Beispiel zeigt, dass es nicht nur auf die objektiven Tatbestände sowie die äußeren Rahmenbedingungen ankommt, sondern ganz entscheidend auch auf die innere Einstellung, und diese ist in den meisten Fällen beeinflussbar. Der griechische Philosoph Epiktet meint, es seien nicht die Dinge selbst, die dem Menschen schlaflose Nächte bereiten, sondern ihre Einschätzungen dieser Dinge.

3.4 Interview: Werteverwirklichung im fortgeschrittenen Alter am Beispiel von Frau N.

Nachdem wir nun Viktor E. Frankls 3 Wertkategorien kennengelernt haben, möchte ich am Beispiel von Frau N. zeigen, wie diese im fortgeschrittenen Alter konkret verwirklicht werden können und dadurch Sinn gefunden werden kann.

Zur Person: Frau N. ist 83 Jahre alt und seit 1979 verwitwet. Geboren wurde sie in Bremen. Sie hat keine Kinder und lebt derzeit in Mannheim. Früher hat sie als kaufmännische Angestellte gearbeitet.

Zur Vorgeschichte des Interviews:
Als ich Frau N. das erste Mal begegnete, arbeitete sie noch als ehrenamtliche Kraft in einem der von mir betreuten Altenheime. Sie verteilte Getränke und machte auf mich einen überaus lebensfrohen und glücklichen Eindruck. Ich kam mit ihr ins Gespräch über ihre jetzige Tätigkeit sowie über Gott und die Welt. Es verging schließlich eine längere Zeit, bis ich ihr in einem meiner Lieblingscafés wieder begegnete. Sie fiel mir mit ihrem modischen Outfit auf einem Laptop tippend sogleich auf. Als ich sie ansprach, erzählte sie mir, dass sie gleich an die Uni gehe und nur wenig Zeit habe. Sie besuche dort einen Computerkurs für Fortgeschrittene. Neulich habe sie sogar einem jungen Mitstudenten helfen können. Die Tätigkeit im Heim habe sie in der Zwischenzeit aufgegeben. Ihre Ausbildung zur Hospiz- und Sterbebegleiterin sei für sie doch nicht das Richtige gewesen. Die Arbeit mit den Heimbewohner/innen habe sie frustriert. Heute besuche sie regelmäßig die Seniorenuni und pflege eine Vielzahl anderer Hobbys, die ihr viel Freude bereiten. Ich habe sie gefragt, ob ich sie einmal für mein neues Buchprojekt interviewen darf, und sie hat sogleich zugestimmt. Als ich sie wenig später anrief, um einen Termin auszumachen, erzählte sie mir von einer lustigen Begebenheit, bei der sie sich richtig privilegiert gefühlt hatte. Als bei einer Veranstaltung der Seniorenuni zum Thema „Sinn des Lebens" ein junger Student verspätet den Hörsaal betrat und sich neben sie setzte, sagte sie zu ihm: „Sie, die Vorlesung ist aber nur für Senioren!" Daraufhin antwortete er betroffen: „Ja, ich weiß, aber sie interessiert mich so. Ich habe mir gedacht, da gehst du trotzdem hin!"

Fragen zum Alter

G.S.: = Gerhard Sprakties
Frau N.:

G.S.: Wenn Sie auf Ihr Leben zurückblicken, was ist heute anders als früher?
Frau N.: Die Rentner können ihr Leben in der heutigen Zeit besser gestalten. Es wird uns viel geboten. Außerdem geht es den Menschen heute bedeutend besser als in meiner Jugend.
G.S.: Würden Sie gerne noch einmal 20 Jahre alt sein?
Frau N.: Nein.
G.S.: Was sind aus Ihrer Sicht die Vorteile des Alters?
Frau N.: Man hat weniger Stress, sieht alles aus einer anderen Sicht und hat mehr Ruhe und Gelassenheit.
G.S.: Welches sind für Sie die größten Probleme und Herausforderungen im Alter?
Frau N.: Die Tatsache, dass gehäuft schwere Erkrankungen auftreten.
G.S.: Was gibt Ihrem Leben im Alter Sinn?
Frau N.: Die Freude am Leben und die Freiheit, das umzusetzen, was ich durch die vielen Stolpersteine (z. B. meine Krebserkrankung und den plötzlichen Tod meines Mannes) gelernt habe.
G.S.: Was bedeutet für Sie Glück?
Frau N.: Wenn man mit sich zufrieden ist, neugierig ist, was die Zukunft noch zu bieten hat, gesund ist!
G.S.: Was macht Ihnen heute besonders viel Spaß?
Frau N.: Meine vielen Hobbys (Sport, Seniorenuni, Computerkurse). Ich bin in einigen Gruppen (einer Aerobic- und Eurythmiegruppe) und bin dort voll akzeptiert. Die meisten Teilnehmer/innen sind bedeutend jünger als ich, und es ist toll, mit ihnen zu kommunizieren.

G.S.: Gab es Zeiten in Ihrem Leben, in denen Sie besonders glücklich/unglücklich waren?

Frau N.: In jungen Jahren war ich viele Jahre unglücklich. Heute sehe ich darin Herausforderungen und Lernprozesse. Richtig glücklich war ich erst im Alter.

G.S.: Was hat Ihr Leben geprägt?

Frau N.: Die Menschen und Ereignisse haben mich und mein Leben geprägt. Ich war immer auf der Suche nach dem Sinn des Lebens. Warum gibt es arme, reiche, gute, böse Menschen? Was hat Gott mit der Erschaffung der Erde und den Menschen bezwecken wollen? Dann fingen die vielen Kurse, Seminare an, mich zu interessieren. Inzwischen weiß ich schon so viel, dass ich ein Buch schreiben könnte.

G.S.: Wie ist das Altwerden für Sie heute?

Frau N.: Ich habe als Frau im Rentenalter noch Gelegenheit, viel zu lernen, vor allen Dingen mit mir selbst ins Reine zu kommen. Was mir noch schwerfällt: mich selber zu lieben.

G.S.: Ist es schwieriger, als Frau zu altern?

Frau N.: Für mich nicht.

G.S.: Bedeutet das Altwerden eine größere Freiheit?

Frau N.: Ja

G.S.: Verändert sich die Sicht auf das Leben, wenn man weiß, dass die Lebenszeit verrinnt und man nichts mehr auf später verschieben kann?

Frau N.: Wenn man das Leben Revue passieren lässt und feststellt, dass man vieles versäumt hat, will man es nachholen und positiv gestalten.

G.S.: Bereuen Sie es manchmal, zu viel Lebenszeit für Dinge verwendet zu haben, die Ihnen heute nicht mehr wichtig sind?

3 Werte als Wegweiser zum Sinn

Frau N.: Ja, aber ich wusste es damals nicht anders, und trotzdem glaube ich heute, dass viele Wege nicht umsonst waren.

G.S.: Haben Sie aus Ihrer Sicht ein erfülltes Leben gehabt?

Frau N.: Ich habe aus meinen Stolpersteinen aus heutiger Sicht viel gelernt, denn die sind im Leben die Perlen.

G.S.: Was blieb unerfüllt?

Frau N.: Ich konnte leider mit meinem Partner nie über spirituelle Dinge reden. Dies sollte vielleicht so sein.

G.S.: Verändert sich im Alter die Sicht auf das Leben?

Frau N.: Ja, man wird weiser (ich jedenfalls)!

G.S.: Was hätten Sie im Rückblick auf Ihr Leben gerne anders gemacht?

Frau N.: Durch die Kriegsjahre hatte ich nicht die Gelegenheit, Schulen zu besuchen, 1945 wurden viele Lehrer entlassen, und im ländlichen Bereich hatten wir zwei Jahre keine Schule.

G.S.: Wie sehen Ihre Aktivitäten an der Uni aus?[10]

Frau N.: Ich besuche Vorlesungen und Seminare über Philosophie und Ethik und besuche Computerkurse.

G.S.: Ist Ihnen Ihr modisches/jugendliches Aussehen wichtig?

Frau N.: Ja, ich bin leider eitel.

G.S.: Haben Sie schon fremde Länder bereist?

---

[10]Seit 1983 bietet die Universität Mannheim ein Gasthörer- und Seniorenstudium an. Die Immatrikulationsgebühr beträgt für Gasthörer 125 EUR pro Semester. Aus dem Vorlesungsverzeichnis können Gasthörer bis zu 6 frei wählbare Kurse besuchen. Das Gasthörer- und Seniorenstudium setzt keinen bestimmten Bildungsgrad voraus. Es gibt pro Veranstaltung eine Obergrenze für Gasthörer. Diese können keine Prüfungen ablegen oder einen akademischen Abschluss erwerben.

Frau N.: Ja, ich bin viel herumgekommen und war in: Österreich, Italien, Spanien (auf Teneriffa und Mallorca), Ungarn, Griechenland (auf der Insel Kreta), Luxemburg, Belgien, Frankreich (12 Jahre in der Provence), Schweden, Türkei, USA (in mehreren Bundesstaaten), Latein- und Mittelamerika (Mexiko, Guatemala, Honduras: eine Studienreise mit vielen Pyramidenbesteigungen).

G.S.: Wie beurteilen Sie Ihre Arbeit im Hospiz/Altenheim im Rückblick?

Frau N.: Da ich schon einige Menschen (auch Partner) am Sterbebett begleitet hatte, habe ich damals eine Ausbildung in Hospiz- und Sterbebegleitung gemacht. Deshalb kam ich in das Heim. Dann kam das große Erwachen. Auf der einen Seite können wir froh sein, dass es so eine Einrichtung gibt, aber die Würde der alten Menschen bleibt oft auf der Strecke.

G.S.: Welche Bedeutung haben für Sie moderne Medien (Internet, Smartphone/Computer etc.)?

Frau N.: Ich kenne auch die negativen Seiten, aber ich kann mit meinen Gruppenteilnehmern mailen und habe die Gelegenheit, mir Hörbücher runterzuladen.

G.S.: Spielt Religion/Spiritualität für Sie im Alter eine Rolle?

Frau N.: Ja, sehr, sie ist mir mit zunehmendem Alter wichtig geworden.

G.S.: Glauben Sie an ein Leben nach dem Tod?

Frau N.: Ja, denn ich glaube an Wiedergeburt.

G.S.: Was zeichnet Ihre Person besonders aus? Gibt es so eine Art „Alleinstellungsmerkmal"?

Frau N.: Man kann sich schlecht selber beschreiben. Ich stelle aber immer wieder fest, dass man mich gerne in den Gruppen bei Alt und Jung dabei hat. Man sagt, ich sei ein Vorbild.

4

Sinnkrisen im Alter

4.1 Der alte Mensch vor der Sinnfrage

„Das Alter ist wie die Woge im Meer.
Wer sich von ihr tragen lässt, treibt obenauf.
Wer sich dagegen aufbäumt, geht unter."
Gertrud von Le Fort

Auch wenn sich dem Menschen die Sinnfrage im Verlaufe seines Lebens immer wieder stellt, mit fortschreitendem Alter gewinnt sie jedoch zunehmend an Bedeutung. In einer umfangreichen Studie zur Lebenssituation der älteren Generation aus dem Jahr 2007 von Horst W. Opaschowski und Ulrich Reinhardt heißt es: „Was Fitness, Sun und Fun für die Jüngeren sind, sind Sinn, Vitalität und Lebensfreude für die Älteren. Der Sinnfaktor ist für die Älteren genauso wichtig wie der Spaßfaktor für die

Jüngeren."[1] Noch nie zuvor haben ältere Menschen beim Eintritt in den Ruhestand durchschnittlich noch über eine so lange Lebenszeit verfügt wie heute. Viele haben gute Aussichten, statistisch noch 20 oder 30 Jahre leben zu können oder sogar noch länger. Die Lebenserwartung hat sich in den letzten 100 Jahren verdoppelt. Keine andere Altersgruppe wächst so rasch wie die Gruppe der Hochaltrigen, d. h. derjenigen, die 90 Jahre und älter werden. Dieser gewaltige Zugewinn an Lebenszeit – so schön er für den Einzelnen auch sein mag – birgt meines Erachtens die Gefahr, dass nicht jeder die gewonnenen Jahre auch sinnvoll zu nutzen weiß und nicht wenige in eine tiefe Sinnkrise geraten. Der Soziologe Peter Gross spricht in diesem Zusammenhang von einer

„Sinnfinsternis in der sich das Alter seines Daseins schämt. In der sich die Alten selber unter der Last der auf sie getürmten Jahre ducken und sich schuldig fühlen, überhaupt noch zu leben. Nicht das Altern und auch nicht der sich vergrößernde Anteil von alten Menschen in modernen Gesellschaften sind das Problem, sondern ihre an den gesellschaftlichen Werten gemessen offenbare Sinn- und Funktionslosigkeit und die damit einhergehende Nutzlosigkeit dieser Fristerstreckung. (…) Die gewonnene Zeit erscheint überflüssig, sie ist keine freudig in Empfang genommene Zuwendung, sondern eine Demütigung."[2]

Mich erinnern diese Ausführungen an ein Interview aus dem Jahr 2003 mit dem hochbetagten Schweizer Dichterpfarrer Kurt Marti. Darin klagte er über die vielfältigen Belastungen, die das hohe Alter für ihn gebracht hatten.

---

[1] Horst W. Opaschowski, Ulrich Reinhardt, Altersträume – Illusion und Wirklichkeit, Darmstadt 2007, S. 126.
[2] Peter Gross, Wir werden älter. Vielen Dank. Aber wozu? a. a. O.

4 Sinnkrisen im Alter

Er sagte: „Ich habe das Gefühl, ich wäre doch überfällig, überzählig mit mehr als 92 Jahren. Es wäre längst Zeit, dass ich hätte sterben dürfen. So habe auch ich das Gefühl, dass der liebe Gott mich vergessen hat. Das Leben wird ein Leerlauf. Ich spüre das sehr stark. Ja, was soll ich eigentlich noch? Deshalb hoffe ich jeden Abend beim Einschlafen – es ist mein Nachtgebet –, ich würde am nächsten Morgen nicht mehr erwachen."[3] Trotz dieser doch recht lebensmüde klingenden Aussage erzählte er in dem Gespräch aber auch von Momenten der Freude und des Wohlbefindens. Für ihn sind z. B. die Gespräche mit einer Betreuerin im Heim über Atem- und Tanztherapie sowie der Besuch seines Verlegers Momente, in denen er sich wohlfühlt. Auch die Erinnerungen an seine Freunde und Bekannten sowie das abendliche Nachtgebet tue ihm gut. Das Beispiel zeigt, dass auch jemand wie Kurt Marti, der in seinem Leben viele Werte verwirklicht hat, im hohen Alter nicht davor gefeit ist, sein Dasein als sinnlosen Leerlauf zu empfinden. Natürlich ist das Leiden am sinnlos empfundenen Leben keine Frage des Alters, gewinnt aber mit Blick auf die zunehmende Langlebigkeit bzw. Hochaltrigkeit an Bedeutung.

Peter Gross schreibt: „Der Sinnbedarf schwillt gewissermaßen proportional zur Alterung an: Man läuft der Sinnfrage im Ruhestand schnurstracks in die Arme. Denn die zentralen Sinnsäulen des vorherigen Erwerbs- und Familienlebens brechen weg: der geregelte Tagesablauf, die Erwerbsarbeit und die Erziehung der Kinder."[4] Für ihn sind es darüber hinaus die im hohen Alter gehäuft auftretenden Defizite, wie z. B. das Schwinden der Kräfte und

---

[3]Kurt Marti, „Gott ist nicht in den Starken mächtig". Kurt Marti im Gespräch mit Matthias Hui, in: M. Stocker/K. Seifert (Hg.), Alles hat seine Zeit. Ein Lesebuch zur Hochaltrigkeit, Zürich 2015, S. 101.
[4]Peter Gross, a. a. O., S. 76.

der Verlust an sozialen Kompetenzen und die Erfahrungen der Verletzlichkeit und Endlichkeit, die die Sinnfrage so bedrängend machen. Letztlich geht es seiner Meinung nach dabei um eine „Sinngebung der Schwäche".[5]

4.2 Das Leiden am sinnlosen Leben

> „Es kommt nicht darauf an, was man leidet,
> sondern wie man es auf sich nimmt."
> Viktor E. Frankl

Auch wenn das Leiden am sinnlos empfundenen Leben noch so bedrückend ist, muss es nicht zwangsläufig in eine Krankheit münden. Es kann vielmehr dazu anregen, sich verstärkt dem Leben zuzuwenden und sich neue Aufgaben und Herausforderungen zu suchen. Wie wir bereits betont haben, ist die Suche nach Sinn für Viktor E. Frankl nicht Ausdruck von etwas Krankhaftem am Menschen, sondern „vielmehr eigentlicher Ausdruck des Menschseins schlechthin", ja, „Ausdruck nachgerade des Menschlichsten im Menschen".[6] Gleichwohl kann ein wertleeres Leben dazu führen, dass jemand in eine akute Sinnkrise gerät und dass diese in der Folge zu Krankheiten an Körper und Seele führt. Die existenzielle Frustration, die aus einer Sinnkrise resultiert, nennt Frankl „Existentielles Vakuum". Es ist gekennzeichnet durch abgründige Apathie, lähmende Initiativelosigkeit, nihilistische und materialistische Anschauungen, das Gefühl der inneren Leere, absolute Sinnlosigkeitsgefühle und das

---

[5]Ebd., S. 10.
[6]Viktor E. Frankl, Ärztliche Seelsorge, a. a. O., S. 39.

Gefühl der Unzulänglichkeit unserer menschlichen Existenz.[7] Die Hauptsymptome dieses fundamentalen Sinnlosigkeitsgefühls sind nach Frankl Depression, Aggression und Sucht. Frankl geht davon aus, dass bereits 20 % der Neurosen durch ein Sinnlosigkeitsgefühl bedingt und verursacht sind.[8] Ein Beleg für diesen Prozentsatz ist für mich auch der Umstand, dass in den letzten Jahren die Zahl der Fehltage der Arbeitnehmerinnen und Arbeitnehmer infolge psychischer Erkrankungen ständig steigt. Gelegentlich höre ich auch von Pflegekräften im Heim, dass sie sich innerlich leer und ausgebrannt fühlen und am Sinn ihrer Arbeit zweifeln.

Der Logotherapeut Uwe Böschemeyer schreibt: „Wenn existentiell frustrierte Menschen in die Praxis kommen, sagen sie über ihre Befindlichkeit z. B. dieses: (…) Ich fühle mich niedergeschlagen, kraftlos, deprimiert, freudlos, müde vom Leben, bin wie gelähmt. Ich sehe und empfinde nichts mehr. Ich bin nur noch ein Schatten meiner selbst. Ich habe Lebensängste, die ich bisher nicht kannte. Ich bin krankheitsanfälliger als in vergangenen Zeiten, ich bin auch irgendwie krank. Ich kenne keine Wünsche mehr. Ich weiß kaum noch Antworten auf die Frage, was wert ist zu leben und was nicht. Ich bin orientierungslos, bin ratlos. Ich habe nur noch wenig Hoffnung auf Veränderungen. Ich werde immer aggressiver, spöttischer, zynischer. Ich weiß nicht mehr, wozu ich da bin. Ich fühle kaum noch Sinn. Ich habe das Gefühl für Sinn vergessen. Ich bin verzweifelt. Ich bin verloren."[9] Vor dem Hintergrund dieser Problematik sollte es in Therapie und Seelsorge immer auch darum gehen, den individuellen

---

[7]Vgl. Viktor E. Frankl, Ärztliche Seelsorge, a. a. O., S. 18 ff.
[8]Ebd.
[9]Uwe Böschemeyer, Worauf es ankommt. Werte als Wegweiser, a. a. O., S. 26.

Sinnfindungs- und Sinnstiftungsprozess anzuregen. Jedoch kann Sinn nicht wie ein Medikament auf Rezept verordnet werden. Er ist immer schon da, muss aber in der Regel erst gefunden und verwirklicht werden.

4.3 Einsamkeit im Alter

Im Vorübergehen
Neulich,
im Vorübergehen,
hat mich ein alter Mann so seltsam angesehen –
als wollte er sagen oder besser anklagen:
Niemand hört meine Schreie der Einsamkeit –
niemand weit und breit?
Keiner bleibt stehen.
Keiner spricht mich an.
Als könnten sie bei meinem Anblick ersticken
oder ihr beileidsvolles Lächeln mich unangenehm bedrücken.
Sind die Grenzen denn so unüberwindbar
oder ist die Rückfahrkarte nur unauffindbar?
Der Fahrplan des Lebens kennt so viele Verbindungen,
doch wir verpassen ständig den Anschluss!
Es ist ein Rasen,
ein unentwegtes Eilen,
als könnte man keinen Moment verweilen.
Unsere Uhren ticken schneller, als unsere Herzen schlagen.
Und wir rennen und wir jagen – als könnten wir alles nicht länger ertragen.
Gerhard Sprakties

4 Sinnkrisen im Alter

Mein Gedicht „Im Vorübergehen" beschreibt einen flüchtigen Blickkontakt mit einem alten Mann im Park. Ob der ältere Herr tatsächlich einsam war, weiß ich nicht, aber manchmal sagt ein Blick mehr als tausend Worte. In unserer heute so schnelllebigen Zeit ist die Gefahr groß, mit zunehmendem Alter einsam zu werden. Immer mehr Menschen leben allein und haben im Alter keine Kinder oder andere Angehörige, die sich um sie kümmern.[10] Und auch bei denjenigen, die verheiratet sind, wird das soziale Netz im Alter oft brüchig. Die Kinder wohnen vielleicht weit weg in einer Großstadt oder im Ausland und können die Eltern nur selten besuchen. Freunde und Bekannte sind aufgrund von altersbedingten Krankheiten oder Immobilität nicht mehr in der Lage, den Kontakt zu pflegen, oder versterben. Nicht selten muss auch der Verlust des langjährigen Lebenspartners oder der Lebenspartnerin verkraftet werden. Plötzlich steht man ganz allein da, und nicht wenige kommen mit der neuen Situation nur schwer klar. Vor allem Männer tun sich damit meist schwer. Viele haben vor dem Eintritt in den Ruhestand primär über den Beruf soziale Kontakte gepflegt. Diese brechen nun nicht selten ab, und der Aufbau von neuen gelingt nur bedingt. Wer z. B. in einem modernen Wohnkomplex in einer Großstadt wohnt, leidet nicht selten unter der Anonymität

---

[10] „16 Millionen Menschen in Deutschland leben allein. Das ist jeder fünfte. Nicht alle haben diese Art zu leben freiwillig gewählt – besonders zur Weihnachtszeit macht sich das bemerkbar… Einer Umfrage zufolge sitzen etwa 14 Prozent aller Singles allein unter dem Christbaum." http://www.rp-online.de/leben/gesundheit/psychologie/so-krank-macht-einsamkeit (Stand: 21.10.2014).

des Lebensumfelds. Manche kennen noch nicht einmal ihre unmittelbaren Nachbarn.[11]

Isoliert in den eigenen vier Wänden fristen viele ein tristes Leben, das geprägt ist von gähnender Langeweile vor dem Fernseher oder stummen Selbstgesprächen. Vor dem körperlichen Tod droht nicht selten der soziale Tod.[12] Einsame alte Menschen fühlen sich häufig ausgeschlossen, isoliert und ungeliebt. Zu der bedrückenden Isolation kommt nicht selten das Gefühl, für niemanden mehr wichtig zu sein. Verlassen und allein sitzen nicht wenige alte Menschen oft stunden- oder tagelang ohne persönliche Ansprache in ihrer Wohnung. Ein älterer Herr schreibt über seine Erfahrungen mit Einsamkeit nach dem Tod seiner Frau in der Hauszeitschrift für die Altenpflegeheime Mannheim:

> „Wenn die Wolken immer dunkler werden und das Grau in dunkelpurpur und schiefergrau übergeht, sehnt man sich nach dem warmen Schein der hellen Sonne. Die trögen Stunden in einer einsamen Wohnung können die Lebensqualität und Lebensfreude doch erheblich schmälern. Was wäre eine Alternative? Das Pflegeheim! … Endlich wieder unter Mitmenschen zu verweilen und eine

---

[11]Von Zeit zu Zeit finden sich in den Nachrichten Meldungen über ältere Menschen die nach ihrem Tod unbemerkt noch Tage, Wochen oder sogar Monate in ihrer Wohnung lagen: „Ruhrgebiet. In Hagen lag die Leiche einer 66-jährigen Frau fünf Jahre lang in ihrer Wohnung. Entdeckt wurde sie zufällig." http://www.derwesten.de/politik/einsamkeit-im-alter-nimmt-in-den-nächsten-jahren-zu (Stand: 28.11.2014).

[12]„Ein trauriger Ausdruck für diese Entwicklung: Immer mehr Menschen haben am Lebensende nicht einmal mehr Angehörige, die sich um die Beerdigung kümmern (…) mittlerweile sind Beerdigungen ohne Trauergemeinde trauriger Alltag (…) In Berlin waren es allein im vergangenen Jahr 2.150 Menschen, in Hamburg waren es 1.100 und in Köln 500." http://www.swr.de/report/allein-einsam-vergessen-immer-mehr-alte-menschen-erleiden-den-sozialen-tod (Stand: 26.11.2014).

liebevolle Betreuung erfahren, lässt das Leben gleich wieder in einem anderen Licht erscheinen. Die Zeit des ‚Alleinunterhalters', sprich ‚Selbstgespräche', ist endlich vorüber. Der Schlaf wird wieder für Körper und Geist zur wahren Erholung und die Angst durchfluteten Nächte in einem leeren Zimmer gehören der Vergangenheit an. Der Knopf für Hilfe ist immer in greifbarer Nähe. Ich habe der Vereinsamung ein Schnippchen geschlagen …"[13]

Für diesen älteren Herrn bedeutete die Übersiedlung ins Altenpflegeheim offenbar den Abschied von seiner bedrückenden Einsamkeit. Es gibt sicher viele Gründe, weshalb Menschen im Alter einsam sind. Neben den bereits genannten, wie z. B. soziale Isolation durch den Verlust von Bezugspersonen oder Krankheit, trägt sicher auch Armut in nicht unerheblichem Maße dazu bei. Wer sein Leben lang gearbeitet hat und im Alter auf dem Niveau der Grundsicherung sein Dasein fristen muss, kann sich keine großen Sprünge leisten. Fast jede Unternehmung ist heute mit Kosten verbunden, und nicht wenige schämen sich, gegenüber Freunden und Bekannten ihre Armut einzugestehen. Sie bleiben lieber in ihren eigenen vier Wänden und versuchen die meist reichlich zur Verfügung stehende Zeit totzuschlagen. In einer Dokumentation von *Spiegel online* heißt es: „In Deutschland gibt es mehr als 2 Millionen Senioren, die über 80-zig sind. Etwa 20 % der über 70-zig Jährigen haben keine oder nur noch eine feste Bezugsperson. Jeder vierte hat seltener als einmal im Monat Besuch von Freunden oder Bekannten und jeder zehnte trifft niemanden mehr. Pro Tag verbringen die meisten Rentner 17 Stunden ohne Kontakt zur

---

[13]Die kleine Rundschau, Hauszeitschrift für die Altenpflegeheime Mannheim GmbH, Nr. 72, Oktober 2014, S. 6.

Außenwelt."[14] Natürlich führen auch chronische Krankheiten und Bettlägerigkeit zu Einsamkeit im Alter. Hier sind v. a. alleinstehende alte Menschen betroffen. Wer bettlägerig ist und seine Wohnung nicht mehr verlassen kann, ist darauf angewiesen, dass ihn jemand besucht. Freilich reicht es nicht aus, wenn ambulante Pflegedienste die Pflegebedürftigen täglich nur für wenige Minuten besuchen, um ihnen die notwendigen Medikamente zu verabreichen oder einige Pflegemaßnahmen durchzuführen. Eine ganzheitliche Betreuung bzw. Pflege, die auch Gespräche und gemeinsame Aktivitäten ermöglicht, wäre diesbezüglich wünschenswert. Ich erlebe es bei meiner Arbeit als Altenseelsorger immer wieder, dass pflegebedürftige alte Menschen, die vorher sehr isoliert und einsam waren, im Pflegeheim geradezu aufblühen. Hier leisten gewiss auch die seit einigen Jahren verstärkt eingesetzten Alltagsbegleiter/innen einen wichtigen Beitrag.

Dass es sich beim Thema Einsamkeit keineswegs um ein harmloses Phänomen handelt, dessen negative Folgen man mehr oder weniger vernachlässigen kann, hat in den letzten Jahren eine ganze Reihe wissenschaftlicher Studien gezeigt. Es wurde deutlich, dass Einsamkeit „wie ein psychologisches Gift" wirkt, das sowohl unser Denken als auch unsere Willenskraft beeinträchtigt und durch das unser Immunsystem nachhaltig geschwächt werden kann. Der Neuropsychologe John Cacioppo von der University of Chicago schreibt in seinem Buch „Einsamkeit": „Unzählige Belege sprechen inzwischen dafür, Einsamkeit als ernstzunehmenden Risikofaktor für Gesundheitsschäden einzustufen – so wie Übergewicht oder Rauchen."[15] Forscher

---

[14]Spiegel TV Magazin, Alt und allein: wachsende Einsamkeit unter deutschen Rentnern (Spiegel online Video vom 24.03.2013).
[15]John T. Cacioppo u. William Patrick, Einsamkeit. Woher sie kommt, was sie bewirkt, wie man ihr entrinnt, Heidelberg 2011, S. 6.

4 Sinnkrisen im Alter

konnten zeigen, dass durch Einsamkeit eine erhöhte Mortalität (= Sterblichkeit) zu verzeichnen ist. In *Pharmazeutische Zeitung online* war zu lesen: „Der Analyse von 148 Studien zufolge hatten Personen mit ausgeprägten sozialen Netzwerken eine um 59 Prozent erhöhte Wahrscheinlichkeit, im jeweiligen Untersuchungszeitraum zu überleben als Personen mit niedrigem sozialen Netzwerk."[16] Friedericke Böhlen vom Zentrum für Psychosoziale Medizin am Universitätsklinikum Heidelberg konnte in einer Studie belegen, dass Einsamkeit „ein eigenständiger Risikofaktor für die Einnahme von Psychopharmaka" ist[17]: „Die als sehr einsam eingestuften Personen sind depressiver, ängstlicher und beschreiben mehr körperliche Symptome." Auch konnte in Studien gezeigt werden, dass zwischen Einsamkeit und einem erhöhten Bluthochdruck sowie Diabetes ein Zusammenhang besteht: „In einer Esther-Stichprobe mit etwa 3000 Teilnehmern war das Risiko für einen Bluthochdruck bei Einsamen um 40 Prozent und für Diabetes um 41 Prozent erhöht."[18] Wie im eingangs zitierten Beispiel – des in ein Altenpflegeheim übergesiedelten einsamen alten Herrn – gezeigt, führt Einsamkeit auch nicht selten dazu, dass der nächtliche Schlaf massiv beeinträchtigt ist. Zudem wird durch chronische Einsamkeit das Infarktrisiko deutlich erhöht und die Entstehung von Alzheimer begünstigt. Einsame Menschen – egal ob jung oder alt – können mit Stress viel schlechter umgehen.[19]

---

[16] Pharmazeutische Zeitung online: Psychosomatik: Einsam im Alter, S. 2. http://www.pharmazeutische-zeitung.de/index.php?id=45732 (Stand: 21.10.2014).
[17] A. a. O., S. 1.
[18] A. a. O., S. 2.
[19] Vgl. Psyche und Gesundheit: Einsamkeit schadet genauso wie Rauchen ... https://www.spiegel.de/.../psyche-und-gesundheit-einsamkeit-schadet-genauso-wie-rauchen (Stand: 6.07.2019).

Diese Untersuchungsergebnisse machen deutlich, dass Einsamkeit eine oft schmerzhafte und folgenschwere Erfahrung darstellt. Ich will an dieser Stelle jedoch betonen, dass es sich hierbei um kein spezifisches Problem des Alters handelt. Die Altersforschung konnte zeigen, dass die Annahme, dass die meisten alten Menschen einsam sind, falsch ist. „In einer in Schweden durchgeführten Studie von Tornstamm (2007) gingen z. B. circa 85 % der Befragten fälschlicherweise davon aus, dass fast die Hälfte der Rentner-/innen häufig einsam sind."[20] Hierfür gibt es jedoch kaum empirische Belege. „Je nach Studie berichten etwa 7 bis 30 Prozent der Senioren in Deutschland über ausgeprägte Einsamkeitsgefühle."[21] Zu ähnlichen Ergebnissen kommen auch Untersuchungen in anderen europäischen Ländern. Es konnte gezeigt werden: „Häufige oder andauernde Einsamkeit scheint demnach auch im hohen Erwachsenenalter nur für einen kleinen Prozentsatz ein Problem darzustellen." Die Studien haben deutlich gemacht, „dass häufiges Einsamkeitserleben nur bei Personen im sehr hohen Alter (80 Jahre oder älter) verstärkt auftritt. Personen zwischen 65 und 79 Jahren scheinen von diesem Problem hingegen nicht häufiger betroffen zu sein als Erwachsene im mittleren Alter."[22] Diese Befunde bedeuten aber nicht, dass wir dieses Problem unterschätzen dürfen. Wenn man bedenkt, dass knapp 40 % aller Suizide in Deutschland von über 60-Jährigen verübt werden, wird

---

[20] Anne Böger/Oliver Huxhold, Ursachen, Mechanismen und Konsequenzen von Einsamkeit im Alter: Eine Literaturübersicht, Aus der Altersforschung, Informationsdienst Altersfragen 41 (1), 2014, S. 9.
[21] Pharmazeutische Zeitung online, a. a. O., S. 1.
[22] Anne Böger/Oliver Huxhold, a. a. O.

schnell klar, dass da ein Zusammenhang besteht.[23] Natürlich sind die Gründe hierfür vielfältig. Aus einer Vielzahl von Gesprächen mit betagten Frauen und Männern weiß ich, dass nicht selten die Angst vor Vereinsamung, zunehmender Hilflosigkeit und Pflegebedürftigkeit dahintersteht. Wer sich einsam fühlt, der fühlt sich meist verlassen, ausgeschlossen und isoliert. Er empfindet sein Leben nicht selten als sinn- und wertlos. Soziales Eingebundensein stärkt demgegenüber die Resilienz und schenkt Lebensfreude. Sie trägt ganz entscheidend dazu bei, dass wir unser Leben als lebenswert ansehen, und ist ein wichtiger Faktor in der Suizidprävention. Bernhard A. Grimm schreibt:

> „Mit jeder Person, auf die man sich fest verlassen kann, mit der man sich eng verbunden fühlt und mit der man seine Sorgen, Probleme und Freuden teilen kann, sinkt das Sterblichkeitsrisiko um fast 10%. Entscheidend hierbei sind – so die Forscher – insbesondere die emotionalen Auswirkungen – natürlich auch die materielle Unterstützung – durch das soziale Netzwerk: Wertschätzung, Bestätigung, Intimität, aber freilich auch Hilfe im Haushalt, bei Krankheit und in Notfällen. Mangelt es an diesen Faktoren, dann steigt das Risiko für Ängste, Depressionen und Verzweiflung."[24]

Um glücklich und sinnerfüllt zu altern, bedarf es möglichst fester regelmäßiger sozialer Kontakte. Der jüdische Religionsphilosoph Martin Buber sagt zu Recht:

---

[23]Vgl. Suizid im Alter: Wie Senioren Hilfe finden können – Gesellschaft. https://www.sueddeutsche.de/leben/suizid-im-alter-es-hat-doch-alles-keinen-sinn-mehr-1.2123324 (Stand: 8.07.2019).
[24]Bernhard A. Grimm, Älter wird man in jedem Alter. Aussöhnung mit einer Selbstverständlichkeit, St. Ottilien, S. 187.

„Der Mensch wird am Du zum Ich."[25] Doch was kann gegen das Gefühl der Einsamkeit getan werden? Da es sich bei Einsamkeit in der Regel um eine subjektive Befindlichkeit, ein Gefühl handelt, das nicht unbedingt den objektiven äußeren Gegebenheiten entsprechen muss – auch unter Tausenden von Menschen können wir uns sehr einsam fühlen –, lässt sich ihr Schmerz meist nur durch eine gezielte Einstellungsänderung lindern. Mag das Gefühl der Einsamkeit auch noch so bedrückend sein, es kommt darauf an einzusehen, dass man letztlich nie ganz allein ist. Wunibald Müller schreibt:

> „Der beste Schutz gegen eine als bedrückend erfahrene Einsamkeit ist es, sich mit sich selbst, mit anderen Menschen, mit der Schöpfung, mit Gott verbunden zu fühlen. Entscheidend ist dabei das Gefühl, in Beziehung zu mir, zu anderen Menschen, zu der Schöpfung, zu Gott zu sein. Es genügt nicht, darum zu wissen und es zu wollen. Mein Inneres, mein Herz, meine Seele entscheiden, ob ich diese Erfahrung mache. Die Fühler meiner Seele müssen das ertastet, erfühlt haben, sodass diese Erfahrung in meinem Herzen und in meiner Seele ankommt, dort registriert wird."[26]

Für mich ist Einsamkeit so gesehen immer auch eine spirituelle Herausforderung.

Auch wenn bislang nur von den negativen Aspekten der Einsamkeit die Rede war, will ich am Ende dieses Kapitels doch betonen, dass für mich ein bestimmtes Maß an Einsamkeit – oder sollte ich hier besser von Alleinsein sprechen – wichtig ist, um ein glückliches und sinnerfülltes Leben führen zu können. Eduard Mörike

---

[25] Martin Buber, Ich und Du, Nachwort von Bernhard Casper, Stuttgart 2001, S. 28.
[26] Wunibald Müller, Allein – aber nicht einsam, Vier-Türme-Verlag, 2. Aufl., Münsterschwarzach 2006, S. 90.

hat einmal gesagt: „Eine gewisse Einsamkeit scheint dem Gedeihen der höheren Sinne notwendig zu sein, und daher muß ein zu ausgebreiteter Umgang der Menschen miteinander manchen heiligen Keim ersticken." Von vielen großen spirituellen Lehrern wird berichtet, dass sie sich von Zeit zu Zeit an einen einsamen Ort begeben, um sich dort auszuruhen und Einkehr zu halten. In der Bibel wird berichtet, wie Jesus wiederholt einen einsamen Platz aufsucht, um dort in der Stille Zwiesprache mit seinem Vater zu halten (vgl. Mk. 1,35; 3,7; 6,31; Matth. 14,13). Für mich ist eine gewisse innere Einsamkeit sogar ein Merkmal des höheren Alters. Der betagte Mensch zieht sich ein Stück weit in die Einsamkeit zurück, um über sein Leben und dessen Sinn nachzudenken. Für mich ist die Einsamkeit eine Schule der Weisheit. Jack London hat sicher recht, wenn er sagt: „Alles Große, was Menschen je geleistet haben, geht aus der Einsamkeit, aus der Vertiefung geistigen Schauens hervor." Wenn ich bei meinen Besuchen in den Altenpflegeheimen die Bewohner/innen frage, ob ihnen das viele Alleinsein nicht schwerfalle, bekomme ich meist zu hören: „Nein, ganz im Gegenteil, ich genieße die Stille in meinem Zimmer." Vielleicht gilt für sie der Satz: „Ruhe, das höchste Glück auf Erden, kommt sehr oft nur durch Einsamkeit in das Herz."[27]

Diese wenigen Beispiele sollen deutlich machen, dass Einsamkeit durchaus auch positive Aspekte haben kann. Gleichwohl erlebe ich bei meiner Arbeit meist das Gegenteil: Wer sich einsam fühlt, der fühlt sich meist verlassen, ausgeschlossen und isoliert und empfindet sein Leben in letzter Konsequenz oft als sinnlos. Meine Altenseelsorge versucht diesen Menschen bei ihrer verzweifelten Suche

---

[27]So lautet eine Strophe in dem Lied „Ruhe" der Popgruppe Schiller.

nach Sinn und Geborgenheit zur Seite zu stehen. Sie spricht den alten und pflegebedürftigen Frauen und Männern situationsgerecht und partnerzentriert zu: Du bist wertvoll, ich bin mit dir, ich will versuchen, dir tröstend und helfend zur Seite zu stehen. Dir gilt jetzt meine liebevolle Zugewandtheit und Aufmerksamkeit. Was dies heißt, will ich an einer kleinen Geschichte verdeutlichen.

Ein Stück vom Himmel

„Neulich sagte mir eine Bekannte: ‚Ich weiß eigentlich gar nicht, was das Leben für einen Sinn hat. Und noch viel weniger weiß ich, was ich hier soll. Wenn ich ein Goethe oder ein Einstein wäre, dann hätte ich in der Welt etwas zu geben, auch über meinen Tod hinaus. Aber mich zeichnen keine besonderen Begabungen aus. Ich bin in jeder Hinsicht ein reiner Durchschnittsmensch.' ‚Hast du schon einmal ein Puzzle gelegt?', fragte ich zurück. Sie sah mich erstaunt an. ‚Ja, klar, früher einmal, 3000 Teile', lachte sie. ‚Ist es da einmal vorgekommen, dass dir ein Puzzleteil verloren gegangen ist?' ‚Ja, das ist mir einmal passiert. Ein blaues Stück fehlte, ein Teil vom Himmel. Davon gibt es ja so viele. Alle sehen sie ähnlich aus und doch ist jedes anders. Ich habe gesucht, selbst im Staubsauger, aber ich habe es nicht mehr gefunden. Zwei Wochen hatte ich an dem Puzzle gearbeitet, und dann war es nicht vollständig! Das sah vielleicht aus!' Da sagte ich: ‚Nun stelle dir einmal vor, die ganze Welt mit allem Leben, das aus ihr hervorgeht, wäre ein Riesenpuzzle, zu dem jeder Mensch an seinem Platz dazu beiträgt, dass das Ganze sich zu einem vollkommenen Bild zusammenfügt. Dann würde, wenn es dich nicht gäbe, der Welt an einer Stelle etwas Wesentliches fehlen. Vielleicht ein Stück vom Himmel!'"[28]

---

[28]Christa Spilling-Nöker, Finde deinen Weg. Geschichten und Gedichte zum Nachdenken, Offenbach/M. 1998, S. 94.

4.4 Wege aus der Einsamkeit – Wege zum Sinn

„Der Segen des Alters besteht nicht im Rückzug,
sondern darin, dass man miteinander sein Leben teilt."
Anselm Grün

Die Geschichte „Ein Stück vom Himmel" zeigt, dass es letztlich auf jede/jeden Einzelne(n) ankommt. Jeder ist ein Unikat (lat. unus = einer, ein Einziger) und daher von unendlicher Bedeutung und von unersetzlichem Wert. Niemand sollte in seiner Einsamkeit allein gelassen oder als hoffnungsloser Fall abgeschrieben werden. Wer für sich oder andere eine sinnvolle Aufgabe sucht, sollte überlegen, ob er oder sie nicht in der Nachbarschaft oder in einem Heim einen einsamen alten Menschen besuchen kann. Ich kenne einige rüstige Seniorinnen/Senioren, die darin für sich eine sinnstiftende Aufgabe gefunden haben. Dazu bedarf es nicht unbedingt einer umfassenden Ausbildung oder Begleitung, wenngleich diese natürlich hilfreich ist. Für die einsamen alten Menschen ist es meist schon eine große Hilfe, wenn ihnen mal jemand geduldig zuhört und sie ernst nimmt und ihnen auf Augenhöhe begegnet. Es gibt natürlich Fälle, in denen eine professionelle Hilfe von Pflegekräften, Ärzten und Seelsorgern unabdingbar ist, wie bei schwer depressiven oder suizidgefährdeten Personen. Wichtig ist zunächst, dass die Not der einsamen alten Menschen erkannt wird und ihnen Hilfe zuteilwird. Die Kirchen sind hier in ganz besonderer Weise gefordert. Sie gehören zu den ältesten sozialen Netzwerken in unserem Kulturkreis, und ihre Besuchsdienste und Gemeindekreise sind für einsame alte Menschen von großer Bedeutung. Der demografische Wandel und die Tatsache, dass über die Hälfte aller pflegebedürftigen alten Menschen zu Hause gepflegt wird, zeigt die Wichtigkeit einer aufsuchenden (Alten-)Seelsorge.

In der Bibel heißt es: Gott will nicht, dass „der Mensch allein ist" (Gen. 2,18). Er braucht ein Gegenüber, einen Partner, eine Partnerin, er braucht Freunde und Freundinnen, Menschen, die ihm in Liebe verbunden sind und sich seiner annehmen. Für mich ist ein sinnerfülltes glückliches Leben ohne jedwede Beziehung in völliger Isolation und Einsamkeit nicht denkbar. Der Mensch ist ein Beziehungswesen. Für Viktor E. Frankl steht fest: „Alles Sein ist Bezogensein."[29] Doch bezogen worauf?

In seinem Buch „Ärztliche Seelsorge" schreibt er unter der Überschrift „Die Selbsttranszendenz menschlicher Existenz": „Darunter verstehe ich den grundlegenden anthropologischen Tatbestand, daß Menschsein immer über sich selbst hinaus auf etwas verweist, das nicht wieder es selbst ist, – auf etwas oder auf jemanden: auf einen Sinn, den da ein Mensch erfüllt, oder auf mitmenschliches Sein, dem er da begegnet. Und nur in dem Maße, in dem der Mensch solcherart sich selbst transzendiert, verwirklicht er auch sich selbst: im Dienst an einer Sache – oder in der Liebe zu einer Person!"[30] Für mich als Pfarrer wäre diese Aufzählung aber unvollständig ohne unsere Beziehung zu Gott (= den Übersinn). Von ihr heißt es im 1. Johannesbrief 4,16: „Und wir haben erkannt und geglaubt die Liebe, die Gott zu uns hat. Gott ist die Liebe; und wer in der Liebe bleibt, der bleibt in Gott und Gott in ihm." Ich möchte an dieser Stelle aber betonen, dass sich meine sinnorientierte Seelsorge nicht nur an religiös gebundene Menschen richtet, sondern an alle, die ihrer bedürfen.

---

[29] Viktor E. Frankl, Ärztliche Seelsorge, a. a. O., S. 12.
[30] A. a. O., S. 160.

4 Sinnkrisen im Alter

So unterschiedlich einsame alte Menschen sind, so unterschiedlich sind ihre Möglichkeiten, Einsamkeit zu überwinden. Für mich sind Wege aus der Einsamkeit immer Wege zum Sinn. Und wie bereits ausgeführt, ist die Verwirklichung von Sinn an die Verwirklichung von Werten (schöpferische Werte, Erlebniswerte, Einstellungswerte) geknüpft. Erscheint mir etwas als wertvoll, so ist es in der Regel auch sinnvoll. Bevor ich an einigen konkreten Beispielen Wege aus der Einsamkeit aufzeige, will ich noch auf einige grundlegende Voraussetzungen eingehen, die dabei erfüllt sein müssen. Zunächst sollte geprüft werden, ob der einsame alte Mensch auch sehen und hören kann. So banal dieser Hinweis zunächst auch klingen mag, nicht selten ist der Grund für die soziale Isolation und Einsamkeit vieler älterer Menschen einfach darin begründet, dass sie schlecht sehen und hören. Die Versorgung mit entsprechenden Hilfsmitteln ist so gesehen ein wichtiger Schritt auf dem Weg aus der Einsamkeit. Auch die effektive Behandlung von chronischen Schmerzen ist wichtig für die Teilhabe am gesellschaftlichen Leben. Bei einer älteren Dame aus meiner Nachbarschaft habe ich erlebt, wie sie wegen starker Schmerzen in Händen und Beinen immer einsamer und isolierter wurde. Dies führte bei ihr dazu, dass sie praktisch kaum mehr ihre Wohnung verließ und zeitweise sehr niedergeschlagen und lebensmüde war. Erst durch eine erfolgreiche Behandlung ihrer Schmerzen bei einem Rheumatologen konnte sie den Teufelskreis aus Schmerzen, sozialer Isolation und Einsamkeit überwinden. Ihre Lebensfreude kehrte zurück, und sie begann wieder mit kleinen Arbeiten im Haus und Garten. Für die Überwindung von Einsamkeit im Alter ist aber nicht nur der gesundheitliche Aspekt wichtig, sondern auch der

Umgang mit Zeit. Einsame alte Menschen verfügen in der Regel über sehr viel Zeit – manchmal zu viel –, sodass sich Langeweile und ein Gefühl innerer Leere und Einsamkeit einstellen. Es ist gerade im Alter wichtig, seine Zeit sinnvoll zu strukturieren und sie nicht im sprichwörtlichen Sinne totzuschlagen, d. h. einfach nutzlos verstreichen zu lassen. Es macht schon einen Unterschied, ob wir um 8 Uhr, 10 Uhr oder vielleicht erst um 12 Uhr aufstehen. Natürlich ist es ein Privileg des Alters, sich seine Zeit frei einteilen zu können, aber ohne eine sinnvolle Struktur, die unserer inneren Uhr entspricht, gerät unser seelisches Gleichgewicht leicht durcheinander. Dies gilt nicht nur für depressive, sondern auch für einsame Menschen. Anselm Grün schreibt: „Nicht umsonst haben auch die kirchlichen Schweigeorden ihren Tag gut gestaltet. Man kann nicht den ganzen Tag meditieren. Gerade die Kartäusermönche, die für sich allein in einer kleinen Klause leben, haben ihre feste Struktur. Offensichtlich haben sie Erfahrung mit der Gestaltung der Einsamkeit. Damit ich lebendig bleibe, brauche ich einen Rhythmus. Das macht mir schon die Natur vor. Und das gilt auch für die Seele und den Leib des Menschen. Wenn seine Zeit, die er allein verbringt, rhythmisiert und gut gestaltet ist, tut sie ihm gut, ist es eine heilige und heilsame Zeit, in der er aus- und einatmen, beten und arbeiten, meditieren und lesen kann."[31]

Es gibt heute vielfältige Möglichkeiten, Einsamkeit im Alter zu überwinden. Wer mit offenen Augen durchs Leben geht, findet überall Möglichkeiten zu Begegnung und Gespräch. Eine befreundete ältere Dame erzählte mir kürzlich von einer Nachbarin, um die sie sich Sorgen macht. Diese lebt seit dem Tod ihres Mannes sehr zurückgezogen

---

[31] Anselm Grün, Stille im Rhythmus des Lebens. Von der Kunst, allein zu sein, Gütersloh 2013, S. 92 f.

und droht ihrer Meinung nach, sich ganz in ihre Trauer zu vergraben. Sie verlässt nur noch für dringende Besorgungen das Haus und hat außer zu ihr praktisch kaum Kontakt zu anderen Menschen. Neulich, als sie auf ihrem Balkon stand, habe sie allerdings ihren Augen nicht getraut. Sie habe gesehen, wie ihre Nachbarin adrett gekleidet zu einem grau melierten älteren Herrn mit Goldrandbrille ins Auto gestiegen sei. Sie habe mächtig gestaunt, als die beiden im schnittigen roten Cabriolet davonbrausten und der lila Seidenschal ihrer Nachbarin verwegen im Wind wehte. Interessiert habe sie sie einige Tage später im Fahrstuhl gefragt, wer denn der gut aussehende ältere Herr im Auto gewesen sei. Sie habe ihr daraufhin erzählt, dass dies ihr neuer Verehrer sei. Neugierig habe sie sie daraufhin gefragt, wo sie ihn denn kennengelernt hat. Sie habe ihr daraufhin geantwortet: „Auf dem Friedhof, da findet man die besten Männer!" Er habe sich dort so rührend um ein Grab gekümmert, dass sie sich dachte: „Das kann kein schlechter Mensch sein!" Schließlich habe sie ihn einmal angesprochen und sich zu ihm auf eine Friedhofsbank gesetzt. Er habe ihr erzählt, dass er verwitwet und seither viel allein sei. Das Leben ohne seine Frau falle ihm sehr schwer, und er empfinde sein Leben nun oft als sinnlos und leer. Sie habe ihn daraufhin einmal zum Kaffee eingeladen, und so habe sich schließlich diese nette Bekanntschaft ergeben. Er wolle zwar, dass sie irgendwann zu ihm in sein schönes großes Haus ziehe, aber dies komme für sie derzeit noch nicht infrage. Ihr sei ihre Unabhängigkeit im Moment wichtiger. Jetzt würden sie mit seinem schnittigen Auto regelmäßig kleine Ausflüge in die nähere Umgebung machen und sich zum geselligen Miteinander bei Kaffee und Kuchen treffen. Ich denke, dies kleine Beispiel zeigt, dass man selbst an einem so außergewöhnlichen Ort wie einem Friedhof jemanden kennenlernen kann.

Es ist sicher richtig, dass es im höheren Alter schwieriger ist, neue Kontakte zu knüpfen, aber unmöglich ist es, wie obiges Beispiel zeigt, nicht. Es kommt letztlich ganz wesentlich auf die innere Einstellung an. Ohne eine gewisse Eigeninitiative und Begeisterungsfähigkeit wird es in der Regel nicht gehen. Nicht jeder/jede schätzt die unverbindliche Geselligkeit von Seniorentreffs oder nutzt die speziellen Angebote für ältere Menschen der Kommunen und Kirchengemeinden. Viele schreckt allein schon das „Senioren-Etikett". Nicht für jeden sind z. B. die vielfältigen Möglichkeiten, die uns die neuen Medien (wie z. B. Computer und Internet) bieten, wirklich hilfreich zur Überwindung ihrer Einsamkeit. Aber warum sollte man nicht auch soziale Netzwerke und Videochats nutzen, um mit anderen in Kontakt zu kommen? Auch nicht für alle ist ein Ehrenamt oder ein Studium an der Abendakademie oder Seniorenuniversität das Richtige. Hier sollte jeder/jede auf seine/ihre ganz individuellen Interessen und Vorlieben achten und sich fragen: Welche Möglichkeiten stehen einem offen, und was fehlt, um diese zu verwirklichen? Was uns bei der Überwindung von Einsamkeit gewiss auch helfen kann, ist eine Geisteshaltung, die geprägt ist von einer heiteren Gelassenheit und Frohsinn. Der Humorist Curt Goetz schreibt: „Gelehrt sind wir genug. Was uns fehlt, ist Freude, was wir brauchen, ist Hoffnung, was uns nottut, ist Zuversicht, wonach wir verschmachten, ist Frohsinn."[32]

---

[32]Curt Goetz zitiert nach Hans-Dieter Schorege, Sind die Kirchen noch zu retten? Eine Antwort an ihre Anhänger, Kritiker, Verächter und Emigranten, Freiburg i. Brsg. 1988, S. 183.

4.5 Zerstört eine Demenzerkrankung den Sinn?

„Den Sinn gebe ich mir immer noch selber!"[33]

Bevor ich auf diese Frage näher eingehe, will ich eine kleine Begebenheit erzählen, die mir vor einigen Jahren im Supermarkt in meiner Straße passiert ist. Es war ein heißer Tag im Juli, und ich hatte mich aufgemacht, um Getränke zu kaufen und bei dieser Gelegenheit mein Leergut zu entsorgen. Als ich im Laden an den Leergutautomaten für die Pfandflaschen kam, hatte sich dort eine kleine Schlange gebildet. Ganz vorne in der Schlange stand eine weißhaarige ältere Dame mit einer Kiste mit leeren Wasserflaschen. Die Anzeige des Automaten zeigte eine Störung an, und man hörte, wie im Hintergrund ein Mitarbeiter des Supermarkts offensichtlich damit beschäftigt war, den vollen Container mit den Flaschen auszutauschen. Nach einer Weile zeigte die Anzeige schließlich an, dass die Störung behoben war und man das Leergut wieder einführen konnte. Die weißhaarige Frau reagierte nicht. Ein hinter ihr stehender Herr wurde ungeduldig: „Sie, es geht wieder – Sie können Ihren Kasten jetzt reinstellen." Die Frau schien ihn nicht zu hören. „Es geht wieder", sagte er noch einmal etwas lauter. Als sie erneut nicht reagierte, nahm er ihr schließlich den Kasten aus der Hand und schob ihn in die Öffnung des Leergutautomaten. Auf dem Display wurde jetzt der Pfandbetrag angezeigt. Die alte Frau drehte sich um und sah ihn fragend an.

„Sie können jetzt auf den grünen Knopf drücken", sagte er sichtlich genervt.

---

[33] Äußerung einer alten Dame mit Demenz gegenüber einer Studentin, die ein Interview mit ihr führt.

Sie tippte mit ausgestrecktem Zeigefinger auf ein Sicherheitsschloss zum Öffnen des Automaten, das sich etwa 10 cm neben dem grünen Knopf befand. „Sie müssen auf die grüne Taste drücken", wiederholte jetzt eine ebenfalls in der Reihe stehende Frau. Als sie erneut auf das Schloss statt auf den grünen Knopf drückte, erledigte dies ungefragt der hinter ihr stehende Mann. Zu unser aller Überraschung zog sie daraufhin korrekt den Pfandbon aus der Öffnung und zog, ohne sich umzudrehen, von dannen. Die direkt vor mir stehende Frau drehte sich daraufhin um und sah mich betroffen an. Sie sagte, indem sie mit ihrem Finger auf die zum Obststand gehende weißhaarige Frau zeigte: „Oh je, wenn man mal so wird wie die!" Ich erwiderte etwa sinngemäß: „Ja, das kann uns allen einmal blühen." Sie sah mich daraufhin entsetzt an und entgegnete mir dann mit entrüstet klingender Stimme: „Ihnen vielleicht – mir bestimmt nicht!"

Die kleine Episode am Leergutautomaten zeigt, dass man heute überall auf Menschen mit kognitiven Beeinträchtigungen treffen kann, nicht nur in einem Altenpflegeheim. Natürlich weiß ich nicht, ob die ältere Dame an einer beginnenden Demenz erkrankt war oder nur mit der Technik des Automaten überfordert gewesen war, aber wie dem auch sei, die kleine Begebenheit macht deutlich, wie schwer wir uns mit Menschen tun, die ein dementes bzw. desorientiertes Verhalten zeigen. Die weißhaarige alte Frau einfach ohne Blickkontakt von hinten anzusprechen und für sie – ohne zu fragen – Handlungen vorzunehmen erscheint mir nicht nur vom seelsorglichen Standpunkt aus wenig einfühlsam. Wie mag sich die alte Dame in dieser Situation wohl gefühlt haben? Auch zeigt die entrüstete Reaktion der anderen Frau in der Warteschlange auf meine Aussage: „Ja, das kann uns allen einmal blühen", wie angstbesetzt das Thema ist.

Der neue Welt-Alzheimer-Bericht 2015 macht deutlich, welche globale Herausforderung unser Thema für unsere Gesellschaft ist. Erlauben Sie mir daher, wenigstens einige Zahlen und Fakten daraus zu nennen. Derzeit leben in Deutschland rund 1,5 Mio. Menschen, die an einer Demenz erkrankt sind. Bis zum Jahr 2050 rechnen Experten mit einer Verdreifachung dieser Zahl. Jeder dritte Betroffene wird dann mehr als 90 Jahre alt sein. Derzeit gibt es weltweit rund 46,8 Mio. Menschen, die an einer Demenz erkrankt sind. Bis 2050 sollen es bereits 131,5 Mio. Betroffene sein.[34] Die Zahl der Menschen, die laut Welt-Alzheimer-Bericht 2013 derzeit auf Pflege angewiesen sind, liegt bei 101 Mio. und soll sich bis 2050 auf 277 Mio. erhöhen.[35] Die Fachleute gehen davon aus, dass sich bei rund der Hälfte der Pflegebedürftigen mit steigendem Alter eine Demenz entwickelt, d. h. rund 80 % der Bewohner von Alten- und Pflegeheimen wird dann betroffen sein. Bereits heute belaufen sich die weltweiten Pflege- und Behandlungskosten für Demenzkranke nach Schätzung von Experten „auf jährlich mehr als 700 Milliarden Euro".[36] Im Vergleich zu Langzeitpflegebedürftigen brauchen Menschen mit Demenz deutlich mehr Betreuung und Zuwendung. Zurzeit werden bei uns in Deutschland noch zwei Drittel aller Demenzkranken zu Hause betreut. Dies wird in Zukunft so nicht mehr möglich sein, da die Zahl der Kinder sinkt und die Zahl der älteren Singles ständig steigt. Dies hat zur Folge, dass es in Zukunft deutlich mehr ambulante Dienste und Heime,

---

[34] Weltweit 46,8 Mio. Demenzkranke – Alzheimer Forschung Initiative. https://www.alzheimer-forschung.de/aktuelles/meldung/weltweit-468-millionen-demenzkranke/ (Stand: 8.7.2019).

[35] https://www.spiegel.de/gesundheit/diagnose/welt-alzheimer-bericht-2013-zahl-demenzkranker-soll-sich-verdreifachen-a-923369.html (Stand: 8.07.2019).

[36] http://www.tagesschau.de/ausland/alzheimer-demenz-101.html (Stand 26.09.2015).

aber auch alternative Betreuungsformen geben muss, um angemessen mit den an Demenz erkrankten Menschen umzugehen.

Es gibt ein Sprichwort, das sagt: „Erinnerungen sind das einzige Paradies, aus dem wir nicht vertrieben werden können." Doch stimmt das eigentlich? Werden Sie nicht täglich aus diesem Paradies vertrieben, ohne dies wirklich zu wollen? Besteht der Schrecken einer demenziellen Erkrankung nicht v. a. darin, dass die Erinnerungen kognitiv immer weniger abrufbar sind, können sie doch emotional noch recht lebendig sein. Durch eine liebevolle Berührung, z. B. eine Segnung oder Salbung, durch ein altvertrautes Lied oder Gedicht, einen besonders geliebten Duft, ein Bild einer vertrauten Person oder Landschaft usw. kann auch ein Mensch mit fortgeschrittener Demenz Sinn noch sinnlich erfahren. So gesehen ist meine eingangs gestellte Frage, ob eine Demenzerkrankung den Sinn zerstören kann, falsch gestellt. Sie müsste lauten: Kann Sinn auch unter den Bedingungen einer Demenzerkrankung gefunden bzw. realisiert werden?

Sie ist für mich klar mit ja zu beantworten! Denn auch ein Mensch mit fortgeschrittener Demenz kann sich sichtlich freuen und lachen. Er kann durch sein Verhalten deutlich machen, ob es ihm gut geht und ob er sich wohlfühlt. Durch eine wertschätzende und empathische Begleitung können wir viel zum Wohlbefinden bzw. zur Sinnfindung dementer alter Menschen beitragen. Es kommt dabei meines Erachtens nicht so sehr auf ein abwechslungsreiches Beschäftigungs- und Unterhaltungsprogramm an, sondern vielmehr auf ein Klima der Verlässlichkeit, Geborgenheit und liebevollen Zugewandtheit. Das, was der demente Mensch v. a. braucht, ist Liebe. Der belgische Ordensgeistliche Phil Bosmans hat dies einmal so formuliert: „Menschen werden nicht einfach in die

Welt gesetzt. Menschen werden Menschen anvertraut und in die Hand gegeben. Sie brauchen Wärme und Liebe. Ohne Liebe sind Menschen nirgends zu Hause."[37]

4.6 Depression im Alter

In der 13. Strophe des Neujahrsliedes „Nun lasst uns gehen und treten" von Paul Gerhard heißt es:

„Hilf gnädig allen Kranken,
Gib fröhliche Gedanken
Den hochbetrübten Seelen,
Die sich in Schwermut quälen!"[38]

Die zweithäufigste Erkrankung, mit der ich es als Altenseelsorger neben der Demenz zu tun habe, ist die Depression. Sie kann genauso wie die Demenz ganz unterschiedliche Ursachen und Erscheinungsformen haben und entwickelt sich immer mehr zu einer Art Volkskrankheit. Nach neuen Schätzungen leiden bereits 4 Mio. Deutsche an einer Depression, und das Erkrankungsrisiko steigt mit dem Alter: „18 Prozent aller über 65-Jährigen leiden an einer Depression."[39] Ich bin davon überzeugt, dass bei ihrem Entstehen auch die Sinnfrage eine ganz entscheidende Rolle spielt. Der katholische Geistliche und Logotherapeut Guido Ducret-Ineichen, der sich viele Jahre intensiv mit den unterschiedlichen Arten von Depressionen beschäftigt hat, schreibt: „dass es in den

---

[37]Phil Bosmans, Nimm dir Zeit zum Glücklichsein. Brevier für jeden Tag, 3. Aufl., Herder Verlag Freiburg i. Brsg. 1991. (Das Zitat steht im Vorwort zum Monat Mai).
[38]Im Evangelischen Gesangbuch: EG 58.
[39]Barbara Bojack, Depressionen im Alter. Ein Ratgeber für Angehörige, Bonn 2003, S. 12.

vielfältigen Formen melancholischer Befindlichkeit und depressiver Verstimmung in verschiedenen Varianten und Ausdrucksweisen auch und gerade um die Sinndimension geht: um einen getrübten, zugedeckten, verschütteten, vergessenen oder verdrängten, aber letztlich unverlierbaren Sinn; um einen in der Art und Weise der Erfahrung und im Wie des Bewältigens der Depression verborgenen Sinn, der logotherapeutisch-seelsorgerlich grundsätzlich wenigstens ein Stück weit erhellt werden kann."[40]

Menschen, die auf die „Wohin-Fragen des Lebens" keine Antwort finden, sind in Gefahr, depressiv zu werden. Der Mensch braucht, so lange er lebt, etwas, für das es sich zu leben lohnt. Er braucht etwas, auf das er hoffen und hinleben kann. Ohne Sinn und Ziel verliert er über kurz oder lang den inneren Halt und treibt orientierungslos durch Raum und Zeit. Kaum etwas ist für einen Menschen schwerer zu ertragen als eine längere Zeit von sinnfreien Tagen. Er reagiert nicht selten mit lähmender Niedergeschlagenheit und Traurigkeit. Sein Leben erscheint ihm nicht selten nicht mehr lebenswert, und er reagiert mit Rückzug und Lebensüberdruss. Auch wenn es im Verlaufe einer Depression zu gehirnphysiologischen Veränderungen kommt, die in vielen Fällen positiv medikamentös beeinflusst werden können, bedeutet dies nicht, dass Erkrankte nicht auch von einer Psychotherapie und seelsorglichen Begleitung profitieren. Im Idealfall sollte den Betroffenen sowohl eine medizinische als auch eine therapeutische Hilfe zuteilwerden. Als Seelsorger, der keine Diagnosen zu stellen hat, sehe ich meine Hauptaufgabe darin, den depressiven alten Menschen etwas

---

[40]Guido Ducret-Ineichen, Trüb-Sinn-Erhellung, Durch Melancholie und Depression auf den Spuren des Logos, Diplomarbeit für das Institut für Logotherapie und Existenzanalyse nach V. E. Frankl, CH-Chur 2005, S. 3.

zuzusprechen, was ihnen an Sinn vielleicht nie in den Sinn kommt, nämlich dass wir keine Zufallsprodukte der Evolution sind, sondern Gottes gewollte und geliebte Kinder. Er hat uns erschaffen und spricht unserem Leben Sinn zu. Auch wenn der depressive alte Mensch aufgrund seiner Erkrankung dies selber vielleicht nicht mehr glauben und hoffen kann, kann es ihm doch helfen, wenn ich gleichsam stellvertretend für ihn glaube und hoffe, d. h. für ihn bete und ihm tröstend und mitfühlend zur Seite stehe. Die schwer depressive Ingrid Weber-Gast schreibt in ihrem Buch „Weil du nicht geflohen bist vor meiner Angst": „Es war weniger mein Glaube als der Glaube anderer, die Fürbitte anderer, die eine Rolle gespielt haben auf dem Weg der Genesung."[41] So kann auch der Glaube anderer eine wichtige Stütze für depressive alte Menschen sein. Für mich sind viele Depressionen im Alter auch Ausdruck einer geistigen, d. h. spirituellen Krise. Die Betroffenen fühlen sich nicht selten isoliert, verlassen und allein und sehnen sich nach Geborgenheit und Halt. Die Depression ist so gesehen ein Schrei nach Liebe. Hermann Hesse hat es in einem Brief einmal so formuliert: „Den Sinn erhält das Leben einzig durch Liebe. Das heißt: je mehr wir zu lieben und uns hinzugeben fähig sind, desto sinnvoller wird unser Leben."[42] Diese Aussage macht deutlich, wie wichtig für depressive alte Menschen, aber nicht nur für sie, ein tragfähiges soziales Netz ist. Die depressiven alten Menschen brauchen jemand, der für sie da ist, ein offenes Ohr für sie hat, sich ihnen liebevoll zuwendet und für den sie bedeutsam sind.

---

[41]Ingrid Weber-Gast, Weil du nicht geflohen bist vor meiner Angst, 4. Aufl., Mainz 1980, S. 33.
[42]Hermann Hesse, Insel-Kalender für das Jahr 2017, zusammengestellt von Volker Michels, Berlin 2016, S. 148.

4.7 Wenn alles keinen Sinn mehr macht: Suizid im Alter

„Wir haben von jenen,
die sich selbst getötet haben zu lernen,
dass es nicht möglich ist, zu leben ohne Sinn,
ohne Güte, ohne Liebe."
Verfasser unbekannt

In einem Abschiedsbrief eines 78-jährigen Mannes, der sich 2011 das Leben nahm, heißt es:

„In den letzten Monaten habe ich durch Lektüre einschlägiger Publikationen erkannt, an der ausweglosen Krankheit A. zu erkranken.

Ich stelle dies heute noch in keiner Weise durch ein Fehlen oder einen Rückgang meines logischen Denkens fest – jedoch an einer wachsenden Vergesslichkeit wie auch an der rapiden Verschlechterung meines Gedächtnisses und dem meiner Bildung entsprechenden Sprachschatzes. Dies führt schon jetzt zu gelegentlichen Verzögerungen in Konversationen.

Jene Bedrohung galt mir schon immer als einziges Kriterium, meinem Leben ein Ende zu setzen.

Ich habe mich großen Herausforderungen stets gestellt.

Der Verlust der geistigen Kontrolle über mein Leben wäre ein würdeloser Zustand, dem ich mich entschlossen habe, entschieden entgegenzutreten.

Ich danke meiner lieben Ehefrau und meiner engsten Familie sowie meinen in tiefer Freundschaft verbundenen Weggefährten, mein Leben wundervoll bereichert zu haben."[43]

---

[43]http://www.faz.net/aktuell/gesellschaft/menschen/wortlaut-der-abschieds-brief-von-gunter-sachs-1637779.html (Stand: 13.03.2015).

Sie haben sicher bereits erkannt, von wem dieser Abschiedsbrief stammt. Er ist von Gunter Sachs, dem deutschschweizer Industriellenerben, Lebemann, Fotograf und Kunstsammler. Er beendete sein schillerndes Leben am 7. Mai 2011 in seinem Haus im schweizerischen Gstaad durch einen Kopfschuss. In der Zeitschrift *Stern* hieß es unter der Überschrift „Gunter Sachs wollte in Würde sterben" zu seinem Suizid: „Als letzte Freiheit, die er sich nahm, will auch Gunter Sachs anscheinend seinen Suizid verstanden wissen. Seine Entscheidung, lieber zu sterben, als mit Alzheimer dahinzusiechen, verdient Respekt. Zur Würde des Menschen gehört auch, selbst zu entscheiden, wann es keinen Sinn mehr hat."[44] Und Prof. Lothar Seiwert, der bekannte Managementtrainer und Sachbuchautor merkt zum Tod von Gunters Sachs in seinem Buch „Das Neue Zeit-Alter. Warum es gut ist, dass wir immer älter werden" an: „Ich propagiere gewiss nicht den Selbstmord. Aber ich gebe offen zu: Der Abgang von Gunter Sachs hat mich in seiner Selbstbestimmtheit und Entschiedenheit sehr beeindruckt. Ein glatter Schuss, Ende, aus. Und alles ist gut. Das ist eine letzte Geste von Würde und Größe, so groß wie seine berühmteste Aktion im Leben: Zur Verlobung mit Brigitte Bardot ließ er 1000 rote Rosen aus einem Helikopter auf ihr Haus regnen. Das bleibt in Erinnerung."[45] Und der Autor fährt fort: „Auch ich wünsche mir, dass sich wenigstens ein paar Menschen eines Tages an meine besten Taten erinnern – und nicht einen siechen, triefenden Waschlappen vor Augen haben, der über den Linoleumboden des Flurs in einem Altersheim

---

[44]Zeitschrift: „stern" vom 12.05.2011, Nr. 20, S. 3.
[45]Lothar Seiwert, Das Neue Zeit-Alter. Warum es gut ist, dass wir immer älter werden, Ariston Verlag 2014, S. 50 f.

schlurft."[46] Als Altenheimseelsorger, der täglich mit alten kranken Menschen zu tun hat, haben mich diese beiden Stellungnahmen zu Gunter Sachs Suizid betroffen gemacht. Sie werfen meines Erachtens die Frage auf, ob sich ein Leben, das von Krankheit, Behinderung und Leid gezeichnet ist, nicht mehr lohnt, ja, ob es sinnlos geworden ist und daher selbstbestimmt beendet werden kann. Als Seelsorger habe ich mich gefragt, ob man Gunter Sachs nicht hätte helfen können. Er selber schreibt ja in seinem Abschiedsbrief: „Ich habe mich großen Herausforderungen stets gestellt."

Was lebensmüde alte Menschen brauchen, ist jemand, der sich Zeit nimmt und versucht eine Beziehung zu ihnen aufzubauen, die von Empathie und Wertschätzung geprägt ist. Gerade bei suizidalen alten Menschen bedarf es meist mehrerer Besuche, bis sie Vertrauen fassen und beginnen, über ihre pessimistischen Gedanken und Gefühle zu sprechen. Wir sollten ihnen signalisieren: Du darfst traurig und niedergeschlagen sein, du darfst vor mir deinen ganzen Ärger, deine Sorgen, deine Verzweiflung, deinen Lebensüberdruss, dein Leid ausbreiten, ohne dabei ein schlechtes Gewissen zu haben. Ich bin jetzt für dich da. Für all deine Klagen und Fragen habe ich ein offenes Ohr – sie machen mir keine Angst.[47] Du darfst auch über deine Suizidfantasien sprechen und darüber, weshalb du den Tod herbeisehnst. Freilich sollte unsere sinnorientierte Altenseelsorge sich nie allein mit der Rekonstruktion misslingenden Lebens zufriedengeben. Sie sollte versuchen bestehende „Sinnfindungsbarrieren" aufzudecken und den Sinnfindungsprozess anzuregen. Sie ist bemüht, den

---

[46]Ebd.
[47]Vgl. Gerhard Sprakties, Sinnorientierte Altenseelsorge. Die seelsorgliche Begleitung alter Menschen bei Demenz, Depression und im Sterbeprozess, a. a. O., S. 84.

lebensmüden alten Menschen Mut zum Leben zu machen, und überlegt mit ihm gemeinsam, ob es nicht doch Beweggründe gibt, im Leben zu bleiben. Letztlich zielt sie auf eine Aktualisierung essenziellen Menschseins. Ich will meine Ausführungen mit einem Hoffnungstext von Helmut Gollwitzer beschließen:

„Die Nacht wird nicht ewig dauern,
es wird nicht finster bleiben.
Die Tage, von denen wir sagen: sie gefallen uns nicht,
werden nicht die letzten sein.
Wir schauen durch sie hindurch
vorwärts auf ein Licht,
zu dem wir jetzt schon gehören
und das uns nicht loslassen wird.
Das ist unser Bekenntnis."[48]

---

[48]Helmut Gollwitzer, in: Hoffnungstexte, Aktion Sühnezeichen/Friedensdienste, 1988.

5

Dem Sinn auf der Spur: positive Sinnquellen im Alter

5.1 Frohsinn im Alter

„Ein froher Sinn ist wie ein Frühling,
er öffnet die Blüten der menschlichen Natur."
Jean Paul

Wenn ich im privaten Umfeld erzähle, dass ich im Hauptberuf Altenheimseelsorger bin, werde ich manchmal gefragt, ob diese Arbeit nicht sehr belastend sei. Meine Gesprächspartner/innen wollen dann meist wissen, ob die ständige Konfrontation mit Alter, Krankheit, Sterben und Tod nicht eine überaus ernste und traurige Aufgabe sei, bei der man Gefahr laufe, seinen Humor zu verlieren. Meist sind sie dann überrascht, wenn ich ihnen erzähle, dass für mich eher das Gegenteil der Fall ist. In den meisten von mir betreuten Altenpflegeheimen herrscht eine ausgelassene und fröhliche Atmosphäre. Es mag für Außenstehende zwar überraschend klingen, aber ich sehe dort sowohl die Bewohner/innen als auch das Personal oft lachen und Späße machen und empfinde das Klima meist als heiter und gelöst. Dass durch die häufigen Berichte in den Medien über Missstände und Skandale in Pflegeheimen in weiten Teilen der Bevölkerung ein anderes Bild vorherrscht, überrascht mich nicht. So sagte mir einmal ein pensionierter Schulleiter: „Wenn ich mal so alt bin, dass ich geistig abbaue und auf Hilfe angewiesen bin, dann werde ich gewiss einen Weg finden, diesen unwürdigen Zustand zu beenden. In ein Heim gehe ich jedenfalls nicht, das habe ich mir geschworen!" So verständlich die Angst vor Hilfsbedürftigkeit und Abhängigkeit im Alter auch sein mag, ich halte sie vielfach für überzogen. Die meisten hochbetagten pflegebedürftigen Heimbewohner/innen, die ich kenne, machen trotz ihrer vielen gesundheitlichen Beeinträchtigungen auf mich einen lebensfrohen Eindruck. Ich will dies an einem kleinen Beispiel verdeutlichen.

Bei meinen Besuchen im Heim klopfte ich einmal an eine Tür einer mir bis dahin unbekannten Bewohnerin. Als nach mehreren Versuchen keine Reaktion kam, öffnete ich die Tür einen kleinen Spalt, um zu sehen, ob überhaupt jemand im Zimmer war. Ich erblickte eine freundlich aussehende ältere Dame mit schneeweißem Haar, die in einem Lehnsessel mit Rosenmuster mitten im Zimmer saß. Sie trug ein elegantes Kostüm mit weißem Rüschenkragen und erinnerte mich in ihrer würdevollen Erscheinung irgendwie an die verstorbene Mutter der englischen Königin. Da sie offensichtlich schwerhörig war, trat ich etwas näher und stellte mich kurz vor. Ich fragte, ob ihr mein Besuch genehm sei. Sie sah mich daraufhin mit großen Augen an und nickte freundlich. In diesem Moment bemerkte ich die große Hitze im Zimmer. Offensichtlich hatte sie alle Heizkörper bis zum Anschlag aufgedreht, um es mollig warm zu haben. Ich merkte, wie ich sogleich zu transpirieren begann und sich Schweißperlen auf meiner Stirn bildeten. Ich fragte: „Gestatten Sie, dass ich meinen Mantel und den Schal ablege?" Sie antwortete: „Aber gewiss! Aber bitte, lassen Sie noch die Hose an!" Ich konnte mir das Lachen nicht verkneifen. Die ältere Dame hatte offensichtlich Humor, oder war sie vielleicht dement? Im Verlaufe des Gesprächs merkte ich jedoch rasch, dass das Letztere nicht der Fall war! Ja, ganz im Gegenteil, sie machte auf mich – trotz der vielen körperlichen Beeinträchtigungen, von denen sie mir im Verlauf des Gesprächs erzählte –, einen geistig überaus regen Eindruck und hatte im wahrsten Sinne des Wortes den Schalk im Nacken, und wir mussten beide viel lachen. Als ich mich schließlich verabschiedete, wollte ich mich bei ihr für das nette Gespräch bedanken, indem ich ihr ein kleines Kompliment machte. Ich sagte: „Von Ihnen kann ich mir aber noch eine Scheibe abschneiden!" Daraufhin sah sie mich verschmitzt an und sagte dann: „Nicht nur eine Scheibe – mehrere!" Die kleine Episode macht deutlich, dass Humor bei der Bewältigung der vielfältigen gesundheitlichen Belastungen, die im Alter gehäuft auftreten, eine große Hilfe sein kann. Ein Kanon, den ich einmal gehört habe, lautet: „Froh zu sein bedarf es wenig, und wer froh ist, ist ein König." Bedarf es wirklich nur wenig, um froh zu sein?

Woran mag es liegen, dass Heimbewohner trotz zahlreicher Verlusterfahrungen und körperlich-seelischer Beeinträchtigungen auf mich einen so lebensfrohen und zufriedenen Eindruck machen, während andere, die sich noch einer recht guten Gesundheit und Mobilität erfreuen, verbittert und enttäuscht sind? Liegt dies vielleicht daran, dass sie einfach „mehr" brauchen, um froh zu sein? In einem Buch des österreichischen Schriftstellers Gottfried Immanuel Wenzel (1754–1809) mit dem Titel

"Die Kunst, gesund, jugendlich stark und schön auch im Alter zu bleiben" aus dem 18. Jahrhundert fand ich folgende Definition von „Frohsinn":

> „Unter dem Ausdrucke froher Sinn verstehe ich hier diejenige Seelenstimmung, der gemäß wir alles um uns her in einem lachenden Gewande erblicken, das, was wirklich unangenehm und widrig ist, unserer besonderen Aufmerksamkeit nicht achten, sondern nur bei dem Angenehmen und Gefälligen verweilen; wo wir von innen und außen mit uns selbst zufrieden sind, und uns unsers Daseins freuen, wo wir an den Freuden der Welt, welche die Vernunft billigt, Theil nehmen, und uns von keinem Mißgeschick aus unserer Fassung, aus dem Gleichgewichte heben lassen."[1]

Frohsinn hat für mich immer auch etwas mit unserer inneren Einstellung zu tun, d. h. mit unseren Denk- und Glaubensmustern. Es ist bestimmt kein Zufall, dass sich Heimbewohner/innen, die ihr Leben als sinnvoll und stimmig empfinden, oft durch eine heitere Gelassenheit auszeichnen, während diejenigen, die von ihrem Leben enttäuscht sind und am Sinn zweifeln, nicht selten mürrisch und niedergeschlagen sind. Der amerikanisch-israelische Medizinsoziologe Aaron Antonovsky (1923–1994) spricht in diesem Zusammenhang vom Kohärenzgefühl (= „Sense of Coherence") und meint damit ein Gefühl innerer Stimmigkeit bzw. die „Kompetenz, die Welt als zusammenhängend und sinnvoll zu erleben".[2] Es ist durch nachfolgende 3 Komponenten gekennzeichnet:

---

[1]Gottfried Immanuel Wenzel, Die Kunst, gesund, jugendlich stark und schön auch im Alter zu bleiben, Verlag Anton Doll, Wien 1800, S. 95.
[2]Heike Schneidereith-Mauth, Ressourcenorientierte Seelsorge. Salutogenese als Modell für seelsorgerliches Handeln, Gütersloh 2015, S. 26.

5 Dem Sinn auf der Spur: positive Sinnquellen …

- das Gefühl der Verstehbarkeit,
- das Gefühl von Handhabbarkeit und Bewältigbarkeit,
- das Gefühl von Sinnhaftigkeit bzw. Bedeutsamkeit.[3]

Ein älterer Mensch, bei dem sich kein Kohärenzgefühl einstellt, wird seine Lebenssituation in der Regel als unerträgliche Last empfinden. Er zweifelt am Sinn seines Daseins und „wird oftmals resignativ oder mit Fluchttendenzen reagieren".[4] Der Weg in Krankheit, Sucht und Suizidalität ist oft nicht weit. Doch was hat all dies mit unserem Thema Frohsinn im Alter zu tun? Für mich ist neben dem Kohärenzgefühl, der Fähigkeit in seinem Leben einen Sinn zu finden, v. a. der Humor eine „Seelenhaltung", die es uns ermöglicht, leichter mit den Schicksalsschlägen des Lebens und den im Alter vermehrt auftretenden psychophysiologischen Beeinträchtigungen umgehen zu können. Doch was versteht man genau unter Humor, und inwiefern ist er gerade für ältere Menschen so wichtig? Im Duden findet sich folgende Definition: „Humor ist die Fähigkeit, Gabe eines Menschen, der Unzulänglichkeit der Welt und der Menschen, den Schwierigkeiten und Missgeschicken des Alltags mit heiterer Gelassenheit zu begegnen, sie nicht so tragisch zu nehmen und über sie und sich lachen zu können."[5] Ich würde sogar noch weiter gehen und behaupten, dass Humor, Frohsinn und Lachen geradezu Merkmale einer resilienten und gesunden Lebensweise sind. Wer alles todernst und verbissen sieht und nie über sich selbst lachen kann, ist meiner Erfahrung nach viel eher in Gefahr, körperlich und seelisch krank zu

---

[3]Vgl. ebd.
[4]Renate Ruhland, Sinnsuche und Sinnfindung im Alter als geragogische Herausforderung, Berlin 2006, S. 37.
[5]Duden Fremdwörterbuch, Mannheim 1982, S. 316.

werden. Der Volksmund sagt sicher zu Recht: Lachen ist die beste Medizin. Es ist für mich jedes Mal eine Freude, wenn mir eine bettlägerige Heimbewohnerin bei meinen Besuchen zunächst einen Witz erzählt, den sie in einer Zeitschrift gelesen hat. Anbei 2 Kostproben aus ihrem Repertoire:

Witz 1
Ein Ehepaar stirbt im gesegneten Alter von über 100 Jahren am gleichen Tag und kommt in den Himmel. Die Frau ist ganz ergriffen von all der Pracht und der Herrlichkeit und dem wunderbaren Essen und dem Gold. Der Mann aber nicht. Er giftet seine Frau an und sagt: „Du mit deinen dämlichen Knoblauchpillen. Das hier hätten wir alles schon 40 Jahre früher haben können."

Witz 2
„Ich heiße Rosine", sagt die alte Dame verschämt beim Rendezvous.

Darauf ihr Verehrer: „Ach, wie gern hätte ich Sie schon als Weintraube kennengelernt."

Auch wenn das Wort „lachen" in der Bibel nur 19-mal vorkommt, oft in der Form des bitteren und ungläubigen Lachens, wie es sich z. B. in der Geschichte von Sara findet, die dem Engel Gottes nicht glauben wollte, dass sie in ihrem Alter noch ein Kind empfangen soll (Genesis 18,12), so ist es doch nicht ganz nebensächlich. Denn zumindest die Worte „Freude" (210-mal) und „fröhlich" (147-mal) sind zentrale Begriffe der Heiligen Schrift und tauchen v. a. im Neuen Testament in den ganz entscheidenden Passagen auf (z. B. Lukas 2,10). In neueren Publikationen zum Thema Altenpflege und Seelsorge wird immer wieder auf die große Bedeutung des Lachens bzw. des Humors hingewiesen. Der Altersforscher Dieter Hirsch hat in zahlreichen Veröffentlichungen zu diesem

Thema Stellung genommen. Er bietet z. B. Humorseminare an und unterstützt die Arbeit von Clowns in Kliniken und in der Altenpflege. In einem Interview antwortete er auf die Frage „Kann man wirklich mit Humor heilen?":

> „Lachen ist ein Grundbedürfnis von uns Menschen. Witz und Humor sind in der Psychotherapie eine hilfreiche Form, Traumen zu bearbeiten und innere Blockaden zu lösen. Letztere nehmen im Alter zu, denn je älter wir werden, umso mehr passen wir uns der Gesellschaft an – man zeigt Gefühle nicht offen. Schade, denn Lachen ist die beste Medizin, es setzt Glückshormone frei, entspannt die Muskeln und fördert die Durchblutung. Natürlich muss man aufpassen, wie man sich dem Menschen nähert. Man muss erkennen, wenn er eine humorvolle Bemerkung als Kränkung empfindet …"[6]

Im Buch Jesus Sirach 30, 21–23 heißt es: „Gib dich nicht dem Trübsinn hin, quäle dich nicht selbst mit nutzlosem Grübeln! Freude und Fröhlichkeit verlängern das Leben des Menschen und machen es lebenswert. Überrede dich selbst zur Freude, sprich dir Mut zu und vertreibe den Trübsinn! Der hat noch nie jemand geholfen, aber viele hat er umgebracht. Eifersucht und Ärger verkürzen das Leben, und Sorgen machen vorzeitig alt."

Für Viktor E. Frankl ist der Humor ein „Existential", d. h. ein Grundmerkmal unseres menschlichen Daseins. Im Gegensatz zum Tier ist der Mensch in der Lage, sich durch Humor von sich selber zu distanzieren und sich gleichsam aus einer anderen höheren Warte zu betrachten. Er schafft so eine heilsame Distanz zu seinen Problemen und Ängsten und wird dadurch in die Lage versetzt, sich

---

[6]Interview Andrea Wengel mit Prof. Rolf Dieter Hirsch: Humor kann heilen. (Stand vom 26.04.2006) http://www.tamala-center.de/blog/2011/12/14/humor-kann-heilen-interview-mit-prof-hirsch/.

innerlich ein Stück weit von ihnen zu befreien. Frankl entwickelte die Methode der „paradoxen Intension", die sich des Humors bedient, um Menschen z. B. bei der Überwindung von Phobien zu helfen. Der Patient soll sich das wünschen, wovor er so große Angst hat, z. B. zu kollabieren, zu zittern oder zu erröten usw. Er soll sich mithilfe des Humors gerade das vornehmen, was er mit aller Macht zu vermeiden sucht, und dadurch auf paradoxe Weise den Teufelskreis der Erwartungsangst durchbrechen.[7]

Vor allem im fortgeschrittenen Alter ist Humor eine wichtige Ressource in der Bewältigung der Widrigkeiten des Lebens. Er hilft beim Aufbau von sozialen Beziehungen (hilft Einsamkeit zu überwinden) und stiftet durch Heiterkeit und Lachen Vertrauen und Verbundenheit untereinander. Er hilft darüber hinaus, mit peinlichen und schambesetzten Situationen gelassen umzugehen. Humor stärkt ganz allgemein die Gesundheit und hilft, Schmerzen besser zu ertragen.[8]

„Die Psychologen Willibald Ruch, Rene Proyer und Marco Weber haben Daten von mehr als 43000 Personen analysiert und festgestellt, dass die Humorwerte im Lebensverlauf bis zu einem Alter von 50 Jahren sinken. Dann steigen sie wieder an. Und was die positive Stimmung anbelangt, konnten die Forscher feststellen, dass ihre ältesten Teilnehmer über den Werten aller anderen Altersgruppen lagen."[9] Woran mag dies wohl liegen? Ich

---

[7]Vgl. Viktor E. Frankl, Ärztliche Seelsorge, S. 185 ff.

[8]Vgl. Gisela Matthiae, Wo der Glaube ist, da ist auch Lachen. Mit Clownerie zur Glaubensfreude, Freiburg i. Brsg. 2013, S. 68 ff. sowie Iren Bischofberger (Hrsg.), Das kann ja heiter werden. Humor und Lachen in der Pflege, 2. überarbeitete und erweiterte Aufl., Bern 2008, S. 47 ff.

[9]Zitiert nach Melanie Schölzke, Die Lebenskunst der Älteren. Was wir uns von ihnen abschauen können, Freiburg i. Br. 2015, S. 73 (Im Original: Ruch, Willibald; Proyer Rene und Weber, Marco (2010): Humor as a character strength among the elderly: Empirical findings on age-related changes and its contribution to satisfaction with life. Zeitschrift für Gerontologie und Geriatrie, 43 (1), S. 13–18.

bin davon überzeugt, dass vor allem ältere Menschen, die in ihrem Leben schon viel erlebt und durchgemacht haben, spüren, dass uns Humor hilft, dem Sinn auf die Spur zu kommen. Sie erkennen, dass er uns hilft, uns selber und die Welt mit anderen Augen zu sehen. Gisela Matthiae schreibt: „Wer Humor hat, rechnet nicht nur mit dem Vorfindlichen, sondern immer auch mit etwas anderem, das sich aus einer anderen Perspektive einstellen könnte. Wer also Humor hat, ist bereit und willens, sich selbst und die Welt immer wieder zu verwandeln. Da steht einem der Sinn nach mehr, sodass der bestehende Sinn gar als Unsinn enttarnt wird und ein neuer Sinn entsteht."[10] Ich denke, wir sollten an unsere Arbeit mit einer ganzen Portion Humor herangehen. Denn Humor ist lebensbejahend, macht kreativer und lebendiger. Charlie Chaplin hat einmal gesagt: „Ein Tag ohne Lachen ist ein verlorener Tag!" Daher will ich zum Schluss meiner Ausführungen noch drei Witze vortragen.

Ein älterer Mann schiebt einen Kinderwagen durch den Park, in dem ein laut schreiender Säugling liegt. Der Mann sagt ständig: „Ganz ruhig, Paulchen! Ganz ruhig, Paulchen!" Aber das Kind schreit weiter. Voller Mitgefühl erkundigt sich eine ältere Frau: „Was hat denn das kleine Paulchen?" Der Mann antwortet: „Wieso er? Ich bin doch Paulchen!"

Eine Oma im Beichtstuhl: „Herr Pfarrer, ich habe einen jungen Mann verführt." Der Geistliche verdutzt: „Ach was, ich glaube Ihnen ja fast alles, aber das nun wirklich nicht." „Na ja, es ist schon über 60 Jahre her, aber ich beichte es immer wieder gern."

---

[10] Gisela Matthiae, a. a. O., S. 191.

„Sagen Sie mal, Frau Maier, warum tragen Sie in Ihrer Handtasche ein Ersatzgebiss mit?" „Wissen Sie, das gehört meinem Mann. Wenn ich es nicht mitnehme, fällt er über den Sonntagsbraten her."

> **Happy-Aging-Tipp**
>
> Eine Rätselfrage lautet: Warum können Engel fliegen?
> Die Antwort lautet: Sie nehmen sich leicht!
> Versuchen Sie in Zukunft nicht alles so schwer zu nehmen.
> Mit einer Prise Humor macht Altern einfach mehr Freude.

5.2 Gelassen alt werden

> „Wir können den Wind nicht ändern,
> aber wir können die Segel richtig setzen."
> Aristoteles

Heute ist ja viel von Gelassenheit die Rede, einer alten griechischen Tugend (vom Philosophen Epikur „ataraxia" = Nicht-Unruhe genannt), die uns helfen soll, in Krisen und Grenzsituationen des Lebens ruhig und ausgeglichen zu bleiben.[11] Wilhelm Schmid schreibt in seinem Buch „Gelassenheit. Was wir gewinnen, wenn wir älter werden":

> „Ich bin nicht im Besitz der Gelassenheit, aber sie erscheint mir erstrebenswert, um ein schönes Leben führen zu können. Ein Gewinn ist sie sicherlich in jeder Lebensphase, insbesondere aber beim Älterwerden, wenn das Leben schwieriger und ärmer zu werden droht. Gelassenheit zu gewinnen, ist vielleicht überhaupt erst im Laufe des Älterwerdens möglich: Es fällt leichter, gelassen zu werden,

---

[11] Wilhelm Schmid, Gelassenheit: Was wir gewinnen, wenn wir älter werden, 9. Aufl., Berlin 2014, S. 15.

5 Dem Sinn auf der Spur: positive Sinnquellen …

wenn nicht mehr alles im Leben auf dem Spiel steht und die Hormone sich etwas beruhigt haben, der Schatz der Erfahrungen größer, der Blick weiter, die Einschätzung von Menschen und Dingen treffsicherer geworden sind."[12]

Wilhelm Schmid nennt 10 Punkte, die uns helfen sollen, zu mehr „Gelassenheit" im Leben zu gelangen. Ich will hier nur auf einen näher eingehen, der mir im Blick auf unser Thema besonders wichtig erscheint. Er sieht in der „Besinnung" auf das, was unserem Leben Sinn und Ziel gibt, und der Frage, in welchem Zusammenhang es steht, einen entscheidenden Schritt auf dem Weg zu mehr Gelassenheit. Schmid schreibt: „Woher komme ich, welchen Weg bin ich gegangen, was habe ich erreicht? Was waren und sind meine wichtigsten Beziehungen und Erfahrungen, Träume und Ideen, Werte und Gewohnheiten, Ängste und Verletzungen, und was waren und sind die größten Schönheiten für mich?"[13] Die sinnorientierte Altenseelsorge geht auf diese Fragen im Lichte der Verheißungen Gottes ein und überlegt gemeinsam mit den betagten Menschen, welchen Sinn ihre Erfahrungen und Erlebnisse in der Vergangenheit für sie gehabt haben. Gelassen sein bedeutet so gesehen, nicht nur ein Lassen, sondern zuerst einmal ein sich Einlassen auf das, was für unsere/n Gesprächspartner/in im Hier und Heute von Bedeutung ist bzw. auf das, was es für sie/ihn früher einmal war. Vor allem das Letztere, die gemeinsame Rückschau auf das gelebte Leben, z. B. das Erzählen von Erlebnissen aus der Kriegs- und Nachkriegszeit oder von beglückenden Erfahrungen aus der Kindheit und Jugend, hilft dem alten Menschen, sich seiner Identität zu vergewissern. Durch die erinnernde Vergegenwärtigung des eigenen Lebens kommt

---

[12]Ebd., S. 16.
[13]Ebd., S. 87.

es nicht selten zu einem Zuwachs an Lebensfreude und Gelassenheit.

Ich spüre bei meinen Besuchen in der Regel rasch, ob Menschen gelernt haben loszulassen. Sie strahlen oft eine wohltuende Ruhe, Gelöstheit und Gelassenheit aus, während andere, die sich damit schwertun, auf mich bisweilen einen recht verbitterten und verkrampften Eindruck machen. Sie hadern mit ihrem Schicksal, klagen über die undankbare Jugend und die vielen Verluste und Einschränkungen, die das hohe Alter mit sich bringt. Meist sind diese Menschen sehr unglücklich und unzufrieden. Vielleicht haben Sie es auch schon bemerkt, dass in Zufriedenheit das Wort Frieden steckt. Für mich ist eine ganz entscheidende Voraussetzung dafür, gelassen alt zu werden, innerer Friede. Weshalb fällt es uns oft nur so schwer, inneren Frieden zu finden. Ich denke es liegt häufig auch daran, dass es uns in der Regel nicht leicht fällt, alle sorgenvollen Gedanken, Ängste, Zweifel und negativen Erinnerungen loszulassen. Sie belasten uns mit zunehmendem Alter immer mehr und liegen drückend schwer auf unserer Seele. Um gelassener zu werden, sollten wir versuchen, mehr in die Gegenwart zu kommen und den Augenblick zu genießen. Wir sollten versuchen, nicht ständig über die Zukunft und Vergangenheit nachzugrübeln, denn dies führt in der Regel nicht zu mehr Gelassenheit.

Wir sollten uns nicht mit anderen vergleichen, denen es scheinbar besser geht, sondern versuchen, gnädiger mit uns selbst zu sein und uns unsere Fehler zu verzeihen. Ein übertriebener Perfektionismus und Starrsinn tut im Alter selten gut und gefährdet den inneren Frieden. Wir sollten versuchen, unsere Mitmenschen so anzunehmen, wie sie sind. Das heißt nicht, dass wir uns von ihnen alles gefallen lassen oder alle Widrigkeiten des Alltags als

5 Dem Sinn auf der Spur: positive Sinnquellen …

unvermeidlich hinnehmen. Nein, im Gegenteil, wir sollten uns nicht zu schnell mit negativen Gegebenheiten abfinden, sondern sie so akzeptieren, wie sie sind, und d. h. für mich, zunächst einmal zu ihnen innerlich Abstand gewinnen, um sie aus einer anderen höheren Perspektive gelassener zu betrachten. Mir fällt in diesem Zusammenhang eine Rätselfrage ein, sie lautet:

> „Weshalb können Engel fliegen? Und die Antwort lautet: „Sie nehmen sich leicht." Diese Leichtigkeit zu erlangen fällt uns oft schwer. Wer sich in einer anstrengenden Situation befindet, dem stockt nicht selten der Atem. Ein Weg zu mehr innerem Frieden und Gelassenheit führt für mich über den Atem. Das bewusste ruhige Atmen hilft uns, mit Stress und Hektik im Alltag besser umzugehen. So banal es klingen mag, wem es in Stresssituationen gelingt, sich auf seinen Atem zu konzentrieren, findet relativ rasch wieder zu einer Haltung der Ruhe und Ausgeglichenheit. Um Gelassenheit im Alter zu finden und bewahren ist es auch in fortgeschrittenen Jahren hilfreich eine Entspannungstechnik wie Autogenes Training, Yoga, Tai Chi, Progressive Muskelrelaxation, Meditation usw., zu erlernen."[14]

Gelassenheit hilft, mit den täglichen Belastungen und Herausforderungen des Alters besser umzugehen und eine entspannte und ausgeglichene Geisteshaltung zu bewahren. Ich bin davon überzeugt, wer sein Glück im Alter primär im Außen sucht, der wird es nur schwer finden. Für mich ist ein weiterer Weg zu mehr Ruhe und Gelassenheit das Empfinden von Dankbarkeit. Wer jeden

---

[14]Vgl. Peter Raab, Wenn es Zeit wird anzukommen. Ein spiritueller Blick auf das Älterwerden, Freiburg i. Brsg. 2017. (Für den Autor heißt Älterwerden Abschied nehmen und gleichzeitig endlich ankommen. Er beschreibt anhand vieler alltagstauglicher Übungen, wie wir innerlich ruhiger und gelassener werden können).

Abend vor dem Schlafengehen einige Minuten innehält und sich auf die schönen Momente des Tages besinnt, beruhigt seinen Geist und tut etwas für seine Gesundheit. Eine Studie von Paul J. Mills von der University of California in San Diego hat gezeigt, dass Dankbarkeit die mentale Gesundheit der Versuchsteilnehmer/innen positiv beeinflusst hat. Zu Beginn der Studie wurden mithilfe psychologischer Tests der Grad der Dankbarkeit und das geistige Wohlbefinden der Versuchsteilnehmer ermittelt. Später wurden sie gebeten, 8 Wochen lang täglich ein Dankbarkeitstagebuch zu führen. In dieses sollten sie jeden Abend 3 Dinge notieren, für die sie dankbar sind. Über die erstaunlichen Ergebnisse der Studie schreibt Mills: „Wir entdeckten, dass Herz-Patienten ihre Gesundheit verbessern können, wenn sie häufiger Dankbarkeit empfinden. Je dankbarer die Patienten waren, umso fröhlicher war ihre Laune und umso besser ihr Schlaf. Sie waren überdies weniger müde, und jene Entzündungswerte, die mit der Herzgesundheit in Verbindung stehen, sanken mit zunehmender Dankbarkeit."[15]

Dass eine Haltung der Dankbarkeit tatsächlich helfen kann, auch mit schwierigen Situationen im fortgeschrittenen Alter gelassen umzugehen, zeigt ein Zitat des berühmten Neurologen Oliver Sacks. Den baldigen Krebstod vor Augen schrieb er wenige Monate nach seinem 80. Geburtstag in einem Aufsatz: „Ich kann nicht behaupten, ohne Furcht zu sein. Doch mein vorherrschendes Gefühl ist das der Dankbarkeit. Ich habe geliebt und wurde

---

[15] Dankbarkeit schützt das Herz: https://www.zentrum-der-gesundheit.de/news/dankbarkeit-fuehrt-zu…(Stand: 22.01.2019). Die Studie hat im Original den Titel: Mills PJ et al., „The role of gratitude in spiritual well-being in asymptomatic heart failure patients, Spirituality in Clinical Practice, 2015; 2 (1) sowie in American Psychological Association (APA), „A grateful heart is a healthier heart", ScienceDaily, 9. April 2015.

geliebt, ich habe viel bekommen und ein wenig zurückgegeben; ich habe gelesen und ferne Länder bereist und gedacht und geschrieben … Vor allem aber war ich ein fühlendes Wesen, ein denkendes Tier auf diesem schönen Planeten, und schon das allein war ein wunderbares Privileg und Abenteuer."[16]

> **Happy-Aging-Tipp**
>
> Führen sie ein Dankbarkeitstagebuch.[17]
> Tragen Sie jeden Abend vor dem Schlafengehen 3 Dinge ein, für die Sie heute besonders dankbar sind.

5.3 Erinnerungen stiften Sinn

„Das Geheimnis der Erlösung heißt Erinnerung."
Jüdischer Talmud

Eine der am meisten unterschätzten Sinnquellen in unserem Leben ist meines Erachtens die Erinnerung. Der kolumbianische Schriftsteller Gabriel García Márquez hat sicher recht, wenn er schreibt: „Nicht was wir erlebt haben, ist das Leben, sondern das, was wir erinnern und wie wir es erinnern, um davon zu erzählen."[18] Wie wichtig es gerade für alte Menschen ist, sich ihr Leben erinnernd zu vergegenwärtigen, erlebe ich bei meinen Besuchen im Heim immer wieder. Die Heimbewohner/innen erzählen oft bis

---

[16]Oliver Sacks, Dankbarkeit, aus dem Englischen von Hainer Kober, Reinbek bei Hamburg 2005, S. 29.
[17]Im Buchhandel gibt es bereits einige Vorlagen zum Ausfüllen!
[18]Gabriel García Márquez, Leben, um davon zu erzählen, Roman, Verlag Kiepenheuer und Witsch, Köln 2002, S. 7.

ins Detail von der Schulzeit oder von der ersten Jugendliebe, von der Arbeit auf dem Bauernhof der Großeltern und von den strengen Regeln, die es damals zu beachten galt. Auch werden mir manchmal Fotoalben mit Bildern von Familienfeiern und Urlaubsreisen gezeigt, und beim gemeinsamen Betrachten werden Erinnerungen an glückliche Stunden und Tage geweckt. Gelegentlich wird aber auch von schmerzlichen Erlebnissen in der Kriegs- und Nachkriegszeit berichtet. Vor dem Hintergrund dieser Schilderungen stellt sich nicht selten die Sinnfrage: Welchen Sinn hatten all die durchgestandenen Krisen und Bewährungsproben? War mein Leben, so wie ich es gelebt habe, überhaupt sinnvoll? Die Rückbesinnung ermöglicht es den Erzählenden, sich des bereits gelebten Lebens zu vergewissern und sich der Einmaligkeit und Einzigartigkeit ihrer Person bewusst zu werden. Durch die erinnernde Vergegenwärtigung der eigenen Lebensleistung kann ihnen die Sinnhaftigkeit ihres Daseins bewusst werden. Es kann zu einem Zuwachs an persönlicher Stärke, Gelassenheit und Lebensfreude kommen und dadurch ihr Selbstbewusstsein bzw. Selbstwertgefühl gestärkt werden. So gesehen ist für mich Erinnerungspflege immer auch Sinnfindungshilfe.

Untersuchungen haben gezeigt, dass ältere Menschen, die sich mit ihren Erinnerungen auseinandersetzen, seltener depressiv und geistig gesünder sind als Gleichaltrige ohne diese Beschäftigung.[19] Aber nicht nur ältere Menschen profitieren von einer gezielten Erinnerungspflege, auch jüngeren Menschen tut es gut, sich von Zeit zu Zeit an all die schönen und gelungenen Erlebnisse aus der Vergangenheit

---

[19]Vgl. Irmgard Preißinger, Gesprächsorientierte Biografiearbeit und Erinnerungspflege zur Verbesserung der Lebensqualität im Alter. Ein didaktisch-methodisches Konzept zur Weiterbildung und Qualifizierung von Altenpflegerinnen und Altenpflegern, Inaugural-Dissertation, Bamberg 2004, S. 33.

zu erinnern. Durch die gezielte Pflege der Erinnerungen kann uns die Sinn- und Werthaftigkeit unseres Lebens neu bewusst werden. Ich erlebe es bei meiner Arbeit immer wieder, wie durch das Schwelgen in schönen Erinnerungen Menschen neue Freude und neuer Lebensmut zuteilwird und sich Trübsinn in Sinn verwandelt. Es gilt v. a., „die heiligen und kostbaren Erinnerungen an die Kindheit" zu bewahren und wiederzuerlangen.[20] Esther Salaman weist in ihrem Buch über „unwillkürliche Erinnerungen" (A Collection of Moments, 1970) „darauf hin, wie verarmt unser Leben ist, auf welch tönernen Füßen es steht, wenn wir diese Erinnerungen nicht haben. Sie spricht von der tiefen Freude, dem Gefühl der Realität, das das Wiedererlangen dieser Erinnerungen vermitteln kann …"[21]

Ich selber erinnere mich in trüben Stunden immer wieder gerne an meine Kindheit in einem kleinen Dorf im Schwarzwald. Ich spielte oft stundenlang an einem kleinen Teich am Waldrand. Es handelte sich dabei um einen kleinen Weiher, der ursprünglich als Wasserspeicher für ein darunter befindliches Sägewerk diente. Um den kleinen See herum wuchsen viele Sträucher mit Brombeeren und Himbeeren. Es duftete herrlich nach Wald und Pilzen, und ein liebliches Bächlein plätscherte leise zwischen Farn und Moos gemächlich in den See. Als Kind war dies für mich ein ganz besonderer Ort. Ich fühlte mich hier ganz frei und geborgen und genoss die Stille und Abgeschiedenheit. Ich erinnere mich noch genau daran, wie ich selbstversunken am Rande des Teiches saß und wie verzaubert auf die ersten bunten Herbstblätter schaute, die

---

[20]Esther Salaman, A Collection of Moments, 1970, zitiert nach: Oliver Sacks, Der Mann, der seine Frau mit einem Hut verwechselte, Hamburg 2000, S. 193.
[21]Ebd., S. 193.

sich in der Nachmittagssonne auf dem See spiegelten. Dieser verwunschene Platz war für mich rückblickend mehr als ein schöner Spielplatz, er war für mich mein kleines Paradies. Wenn es mir heute einmal nicht gut geht, versuche ich mir die Erinnerungen an diese beglückende Zeit wieder bewusst zu machen. Ich erlebe dann, wie sich bei mir durch das wiederholende Durchleben dieser schönen Kindheitserinnerungen Gefühle der Sinn- und Werthaftigkeit meines Daseins einstellen und sich trübe Gedanken lichten. Dass wir durch die Reimagination guter Erinnerungen negative Gefühle vertreiben können und unsere Resilienz gegenüber widrigen Situationen stärken, haben mehrere Studien gezeigt.[22] Jochen Metzger empfiehlt hierzu folgende Übung:

„Man baut sich selbst Erinnerungsmappen für zehn verschiedene positive Emotionen. Man beginnt etwa mit dem Gefühl der Freude und stellt sich folgende Fragen: In welchen Situationen habe ich mich sicher, entspannt und glücklich gefühlt, völlig einverstanden mit dem, was in diesem Moment geschah? Wann lief alles genau so, wie ich es mir erhofft hatte? Wann lief alles noch besser, als ich es mir erträumen konnte? In welchen Momenten war ich so froh, dass ich einfach nicht aufhören konnte zu lächeln? Anschließend macht man sich auf die Suche nach Dingen, die einen an eben diese Momente erinnern: Fotos, Briefe, Musikstücke, Gedichte, was auch immer."[23]

Die Übung soll helfen, gute Gefühle zu kultivieren und aufkommenden Trübsinn zu vertreiben.

---

[22]Vgl. Blütezeit. Angenehme Gefühle sind nicht bloß Selbstzweck. Nur wer sich gut fühlt, ist offen für die Welt, kann wachsen und „aufblühen". Flourishing nennt das die positive Psychologie, von Jochen Metzger, in: Psychologie Heute compact: Das ist Glück! Was ein erfülltes Leben wirklich ausmacht, Weinheim 2017, S. 33.
[23]Ebd.

> **Happy-Aging-Tipp**
> Die Pflege schöner Erinnerungen ist vor allem im Alter ein Weg zu mehr Lebensfreude und Sinn. Versuchen Sie von Zeit zu Zeit sich immer mal wieder ganz bewusst an die glücklichen und schönen Momente in Ihrem Leben zu erinnern. Schauen Sie sich alte Urlaubs- oder Hochzeitsfotos an, lesen Sie alte Liebesbriefe oder rezitieren Sie laut einige kitschige Verse aus Ihrem Poesiealbum usw. Lassen Sie Ihrer Fantasie bei dieser Übung freien Lauf. Sie werden sehen, wie gut es Ihnen tut.

5.4 Muss Altern erfolgreich sein?

„Alt sein ist wunderbar,
da wird einem so viel nachgesehen."
Heidi Kabel

Der Begriff „erfolgreiches Altern" spielt sowohl in der Wissenschaft vom Altern, der Gerontologie, als auch in der gegenwärtigen gesellschaftlichen Diskussion eine große Rolle. Mit ihm werden ganz unterschiedliche Leitbilder und Vorstellungen vom Altern verbunden. Wann und wie gelingt Altern? Gemäß der Bundeszentrale für Gesundheitliche Aufklärung ist erfolgreiches Altern dann gegeben, wenn man alt wird. Diese Binsenweisheit macht ja auch Sinn, denn von einem, der schon mit 40 Jahren stirbt, wird man wohl kaum sagen, er sei erfolgreich gealtert. Nach einer Studie des DWI (= Deutsches Institut für Wirtschaftsforschung) in Berlin macht aber nicht das Altern an sich, sondern die Art des Alterns den entscheidenden Unterschied, d. h. die Weise, wie man alt wird.

„Erfolgreich altert, wer Krankheiten und Gebrechen vermeidet, wer eine hohe physische und kognitive Leistungsfähigkeit aufrechterhält, wer sich kontinuierlich (sic!) in sozialen und produktiven Aktivitäten engagiert. Erfolgreich gealtert ist demnach ein Rentner, der im Alter von 79 Jahren am Stadtmarathon in Berlin teilnimmt, die Strecke aus dem Kopf kennt und die 42,195 Kilometer in weniger als 3 Stunden zurücklegt."[24] So weit das Ideal zu dieser Theorie!

Vielleicht kennen Sie die Erzählung „Die unwürdige Greisin" von Bertolt Brecht. Darin ist die Rede von einer Frau, die bis zu ihrem 72. Lebensjahr ganz auf die Rolle als Hausfrau und Mutter von 5 Kindern festgelegt war. Nach dem plötzlichen Tod ihres Mannes ändert sie ihr Leben schlagartig und beginnt, die letzten Jahre ihres Lebens in vollen Zügen zu genießen. Sie besucht erstmals regelmäßig Kinos und Gasthöfe und findet ungewöhnliche neue Freunde und Bekannte. Vom Gerede der Leute am Ort lässt sie sich nicht beeinflussen und lebt trotz des Unverständnisses ihrer Kinder ein jetzt freies und selbstbestimmtes Leben.

Brecht schreibt: „Genau betrachtet lebte sie hintereinander zwei Leben. Das eine, erste, als Tochter, als Frau und als Mutter und das zweite einfach als Frau B. (…) Das erste Leben dauerte etwa sechs Jahrzehnte, das zweite nicht mehr als zwei Jahre." Die unwürdige Greisin (Weshalb Brecht sie

---

[24]So heißt es in einem kritischen Kommentar im Internet zu einer Studie von Martina Brandt, Christian Deindl und Karsten Hank mit dem Titel „Erfolgreiches Altern: Lebensbedingungen in der Kindheit und soziale Ungleichheit haben großen sozialen Einfluß." Im DWI-Wochenbericht 7/2012 von Michael Klein vom 2. März 2012. Dieser hatte die Überschrift „Erfolgreiches Altern mit dem DWI" (geriatrics-ward.gifscienefiles.org Erfolgreiches Altern mit dem DWI).

wohl so nannte?) starb mit nur 74 Jahren! Ich frage mich: Kann sie uns ein Vorbild für erfolgreiches Altern sein?

„Heute würden es die Jungen ‚cool' nennen, wie diese Greisin lebte. Aber was ist es wirklich? Statt auf Magerstufe des Verzichtens, Hütens und Sorgens weiterzumachen, nimmt sie sich beherzt ein zweites Leben. Nicht um ‚die Sau herauszulassen', nicht um anderen oder sich selbst zu schaden, sondern um sich zu eigen zu sein und die Zeit, die ihr bleibt, den selbst gewählten Freuden zu schenken. Woher nimmt sie dieses erfrischende Selbstvertrauen, das ihr die nötige Distanz zu Fremdbestimmung und Erwartungsdruck verschafft? Vielleicht lautet die Botschaft, dass unsere Würde nicht von Kindern oder Enkelkindern abhängt. Auch nicht von dem, was andere uns vorleben oder vorsagen, denn die Greisin schert sich nicht um das, was die Leute sagen oder meinen. Älterwerden heißt für sie, aufzubrechen in ein von Familie, Pflichten und Beruf unabhängiges Leben – statt Resignation, Ruhe und Rückzug."[25]

Für mich gehört zum erfolgreichen Altern auch die Erfahrung, immer mehr zu dem oder der zu werden, der oder die man ist, d. h. zu einer unverwechselbaren, einzigartigen Persönlichkeit zu werden und seinem Charakter vollen Ausdruck zu verleihen. Erfolgreiches Altern ist so gesehen ein Weg in die Freiheit! Dieser schließt freilich ein mögliches Scheitern nicht aus. Ich will diese Überlegungen mit einem Gedicht beschließen, das der Hoffnung auf ein erfülltes und glückliches Altern Ausdruck verleiht. Es heißt „Wenn ich einst alt bin" und stammt von der Schweizer Schriftstellerin Elisabeth Schlumpf.

---

[25]Irmtraud Tarr, Eigensein entdecken. Lustvoll älter werden, Freiburg i. Brsg. 2014, S. 57.

Wenn ich einst alt bin[26]

Wenn ich einst alt bin
trage ich Mohnrot
weil ich das Brennen nicht missen möchte
in meinen Gliedern
in meinem Herzen

Einen großen Hut
der weit auslädt
und das Gesicht anmutig verschattet

Ich werde stolz sein
wenn die Leute hinter mir tuscheln:
Da geht die verrückte Alte mit ihrem Hut

Vieles
werde ich nicht mehr machen
Zuhören zum Beispiel
wenn ich nicht mag
oder bleiben wenn es mich langweilt
nicht mehr fächeln
mit höflichen Floskeln
sondern sagen wie es mir ist

Vieles aber
will ich noch tun
Rutschbahn fahren mit meinem Enkel
rumpurzeln im Heu
und lachen dazu
Leute ansprechen
im Tram auf der Straße

---

[26]Elisabeth Schlumpf, Wenn ich einst alt bin, trage ich Mohnrot. Neue Freiheiten genießen, 3. Aufl., München 2004 (Das Gedicht steht im Innern des Buchumschlags!).

die mir gefallen und fragen
wie geht's

Zeit mir nehmen für einen Schwatz
im Blumenladen die Ansicht
der Gärtnerin kennen lernen
über Jahreszeiten und Sträuße

Reisen
ein Weingut suchen im Herzen der Toskana
weil mir das Etikett auf der Flasche gefiel
An die Nordsee fahren
weil ich Sehnsucht habe
nach grauen Stränden und frischem Wind
Was mir so einfällt
ein Nachtspaziergang
Düften folgen
und fliegen lassen Bänder im Wind

Unbekümmert und barfuß
lauf ich ins Grab.

Elisabeth Schlumpf

Happy-Aging-Tipp

Erfolgreich altert, wer sein Leben lang innerlich wächst und reift und dabei seine inneren Werte und Ziele nicht aus den Augen verliert und es wagt im richtigen Augenblick nein zu sagen und sich nicht scheut von Zeit zu Zeit eigensinnig zu sein.[27] Und vor allem: „Sei du selbst, denn alle anderen gibt es schon." (Oskar Wilde)

---

[27]Vgl. Ursula Nuber, Eigensinn. Die starke Strategie gegen Burn-out und Depression – für ein selbstbestimmtes Leben, Frankfurt am Main 2016.

5.5 Vom Nutzen positiver Altersbilder

„Alter spielt sich im Kopf ab,
nicht auf der Geburtsurkunde."
Martina Navratilova

Eine Reihe von Studien hat gezeigt, dass eine der wichtigsten Voraussetzungen für ein sinnerfülltes und glückliches Altern in einem positiven Selbstbild liegt. Es ist eben nicht gleichgültig, welches Bild wir vom Alter haben. Wer Alter nur mit Krankheit, Leid, Verlust, Niedergang und Verfall in Verbindung bringt, darf sich nicht wundern, wenn dieses negative Altersbild auch negative Folgen für sein Wohlbefinden im Alter hat. Gewiss, es ist nicht leicht, sich dem allgegenwärtigen Jugendkult zu entziehen und zu seinem kalendarischen Alter wirklich zu stehen. Ich habe dies ganz deutlich an meinem Vater gesehen. Als ihn der Gemeindepfarrer in unserem Heimatdorf einmal freundlich zum Seniorenkreis einlud, kam er entrüstet nach Hause und sagte zu meiner Mutter etwa sinngemäß: „So eine Unverschämtheit! Stell dir vor, ich habe unseren Pfarrer getroffen, und der hat mich doch tatsächlich gefragt, ob ich nicht mal in den Seniorenkreis kommen will. Es gäbe dort fast nur Frauen, und so ein lebensfroher Mann wie ich wäre bestimmt für alle eine Bereicherung. Na, so eine Unverschämtheit. Was soll ich denn bei den Alten?" Zu diesem Zeitpunkt war mein Vater bereits 79 Jahre alt.

Gewiss, man ist immer so alt, wie man sich fühlt, aber wer sein Alter konsequent verdrängt, gewinnt bestimmt kein positives Selbstbild. Er verleugnet die Realität und macht sich selber etwas vor. Die amerikanische Gesundheitsforscherin Becca Levy von der Yale-Universität konnte in einer 2002 veröffentlichten Studie zeigen, wie wichtig ein positives Selbstbild für erfolgreiches Altern ist: „Die Frauen und Männer lebten umso länger, je positiver ihr

5 Dem Sinn auf der Spur: positive Sinnquellen …

Selbstbild im mittleren Erwachsenenalter war. Ein positives Selbstbild konnte die Lebenserwartung der Optimisten effektiver steigern, als es die Senkung des Bluthochdrucks oder des Cholesterinspiegels geschafft hätten, nämlich um ganze siebeneinhalb Jahre. Ideale Blutdruck- und Cholesterinwerte hätten dagegen ‚nur' vier zusätzliche Lebensjahre gebracht. Sportliche Nichtraucher mit Idealgewicht hätten bis zu drei Jahre herausgeschlagen. Wer sich selbst und sein Alter pessimistisch sah, starb also früher."[28] Das Beispiel zeigt, dass ein starkes positives Selbstwertgefühl eine wichtige Ressource für ein erfolgreiches Altern darstellt. Wir sollten uns daher mehr auf die positiven Seiten des Alterns konzentrieren und uns nicht so sehr von den destruktiven Altersbildern, wie z. B. der Rede von der „Altenlast" oder „Seniorenlawine" und der Angst vor einer drohenden „Altersarmut" und ähnlich negativen Schlagzeilen, zu sehr beeinflussen lassen. Das Alter hat durchaus auch seine schönen Seiten und bringt einige Vorteile mit sich. Dabei denke ich nicht nur an die Möglichkeit, verbilligte Seniorenfahrkarten am Bahnschalter zu erstehen oder zeitlich flexibel in den Urlaub zu fahren. Nein, für viele Menschen bedeutet das Alter auch eine „späte Freiheit" von den vielfältigen Verpflichtungen in Familie und Beruf.[29] Ein pensionierter Kollege, mit dem ich kürzlich am Telefon einen Termin ausmachen wollte, sagte zu mir: „Du weißt, ich bin jetzt Zeitmillionär!" Er ist viel mit seinem Wohnmobil unterwegs und widmet sich ausgiebig seinen Hobbys. Für andere Senioren gibt es jetzt

---

[28] Zitiert nach: Eva Tenzer, Älter werden wir jetzt. Happy Aging statt Forever Young, Frankfurt am Main 2005, S. 37.
[29] Der Begriff „späte Freiheit" stammt vom Altersforscher Leopold Rosenmayr (1925–2016). Vgl. Leopold Rosenmayr, Die späte Freiheit: das Alter – ein Stück bewußt gelebten Lebens, Berlin 1983.

die Möglichkeit, ein Ehrenamt zu übernehmen oder sich für ein Seniorenstudium einzuschreiben oder mehr Zeit den Kindern und Enkeln zu widmen. Die Möglichkeiten sind überaus vielfältig und werden nach meinem Empfinden von Jahr zu Jahr größer. Wichtig scheint mir für ein glückliches Altern neben dem bereits genannten positiven Selbstbild v. a. eine optimistische Lebenseinstellung zu sein und die Fähigkeit, immer wieder neue Erfahrungen zu machen und etwas Neues dazuzulernen. Ich will dieses Kapitel schließen mit einem Zitat von Pablo Picasso, der v. a. im Alter noch überaus kreativ war und von dem das Wort überliefert ist: „Es dauert sehr lange, bis man jung wird."

Happy-Aging-Tipp
Bei meiner Arbeit als Altenheimseelsorger erlebe ich es immer wieder, wie Menschen durch nicht enden wollendes Grübeln über negative Erinnerungen und Gedanken an Körper, Seele und Geist erkranken. Daher sollten wir versuchen, von Zeit zu Zeit einmal ganz bewusst „Stopp" zu sagen: Denn indem wir unser Denken ändern, ändern wir unser Leben.

5.6 Gesund alt werden

„Alt wollen sie werden, gesund wollen sie bleiben,
aber etwas tun dafür wollen sie nicht."
Sebastian Kneipp

Dass eine gute Gesundheit ganz wesentlich zum glücklichen Alter(n) beiträgt, dürfte einleuchten. „Für 97 Prozent aller Deutschen zwischen 40 und 85 Jahren gehört laut Umfragen ‚gute Gesundheit' zu den wichtigsten

5 Dem Sinn auf der Spur: positive Sinnquellen ...

Lebenszielen, und je älter man wird, umso mehr."[30] Doch stellt sich hier die Frage, welche Faktoren für ein gesundes Altwerden von Bedeutung sind? Früher dachte man, dass v. a. die Gene darüber entscheiden, ob wir ein hohes Alter erreichen. Heute gehen Wissenschaftler davon aus, dass sich „nur rund 30 Prozent des Alterungsprozesses auf genetische Faktoren zurückführen lassen" und „70 Prozent" durch unsere Lebensweise bestimmt werden[31]. Altern ist so gesehen kein Schicksal, dem wir ohnmächtig ausgeliefert sind. Wir können trotz aller physischen und psychischen Beeinträchtigungen, die im Alter gehäuft auftreten, doch einiges tun, um möglichst gesund alt zu werden. Neben der genetischen Veranlagung spielt v. a. eine gesunde Ernährung eine ganz wesentliche Rolle. Es darf als gesichert gelten, dass eine Über- und Fehlernährung zu den wichtigsten Ursachen für frühzeitiges Altern gehört. Vor allem die Zuckerkrankheit, Bluthochdruck, Arterienverkalkung, Herzinfarkt sowie Schlaganfall und Gelenkschäden sind auf Übergewicht und eine falsche Ernährung zurückzuführen. Eine große amerikanische Studie zu diesem Thema hat gezeigt: „Frauen kostet ihr Übergewicht mehr als drei Lebensjahre, übergewichtige Männer verloren genau drei Jahre. Bei den Adipösen waren die Ergebnisse noch deutlicher: Extrem übergewichtige Frauen hatten eine um sieben Jahre verkürzte Lebenserwartung, Männer aus dieser Gruppe büßten immerhin noch knapp sechs Jahre ihrer Lebenszeit ein."[32]

---

[30]Eva Tenzer, a. a. O., S. 57.
[31]Vgl. Ulrich Bauhofer, Mit diesen Tricks werden Sie 100 Jahre alt: http://www.welt.de/gesundheit/article118687558/Mit-diesen-fuenf-Tricks-werden-Sie-100-Jahre-alt.html (2013).
[32]Zitiert nach: Eva Tenzer, a. a. O., S. 123.

Auf der Insel Okinawa, die auch die „Insel der 100-Jährigen" genannt wird, konnten Wissenschaftler zeigen, dass die Ernährung einen ganz entscheidenden Einfluss auf die dortige Hochaltrigkeit hat. Die Bewohner/innen ernähren sich vorwiegend von „Fisch, Gemüse, Kräutern, Algen und Sojaprodukten".[33] Hinzu kommt, dass sie „nur rund 1800 Kalorien" pro Tag zu sich nehmen. Das Beispiel zeigt, dass offensichtlich eine maßvolle gesunde Ernährung (mit wenig Fett, Salz und Süßigkeiten) ganz offensichtlich die Lebenserwartung im Alter beeinflussen kann. Auch gilt es heute als gesichert, dass einseitige Diäten, die z. B. den strengen Verzicht auf bestimmte Nährstoffe wie Kohlenhydrate verlangen, eher schädlich für ein gesundes Altern sind. Durch die sog. „Low-carb-Diäten" (= kohlenhydratarme Ernährung) wächst das Risiko für Depressionen und sinkt die „Stressresistenz".[34] Auch gibt es Hinweise, dass die strikte Vermeidung von Kohlenhydraten zu einer Erhöhung der Sterblichkeit führt.[35] Der Verzehr von viel Obst und Gemüse sowie Vollkornprodukten schützt den Kreislauf und stärkt das Immunsystem. Auch sollte man auf eine ausreichende Flüssigkeitszufuhr achten. Ärzte empfehlen älteren Menschen, täglich zwischen 1 und 1,5 l Flüssigkeit zu sich zu nehmen.

Dass eine gesunde Lebensweise direkte Auswirkungen auf den Alterungsprozess hat, bedeutet auch, dass sie hilft, Demenzerkrankungen vorzubeugen. In der Zeitschrift *Psychologie Heute* hieß es unter Verweis auf Berechnungen von Tobias Luck und Steffi Riedel-Heller vom Institut

---

[33]Ebd., S. 134.
[34]Eva Tenzer, Älter werden wir jetzt., a. a. O., S. 131 ff.
[35]Studie: Erhöhte Sterblichkeit durch Low-carb-Diät? – Ärzte Zeitung https://www.aerztezeitung.de/…/studie-erhoehte-sterblichkeit-durch-low-carb-diaet.html 22.08.2018.

für Sozialmedizin der Universität Leipzig, dass fast jeder dritte der eine Million Fälle von Alzheimer-Demenz in Deutschland auf ungesunde Gewohnheiten zurückzuführen ist: „So vergrößert Rauchen die Gefahr, von der Demenzerkrankung heimgesucht zu werden, um 60 Prozent. Mangelnde Bewegung steigert das Risiko sogar um 80 Prozent. Es gibt noch weitere Risikofaktoren: niedrige Bildung, Depression, Diabetes, erhöhter Blutdruck (über 140/90) und Übergewicht (beispielsweise mehr als 97 Kilo bei einer Körpergröße von 1,80 Metern)."[36]

All diese Tipps für ein gesundes Altwerden sollten aber nicht dazu führen, dass man sich nichts mehr gönnt und dadurch vielleicht unglücklich wird. Denn wer nicht mehr genießen kann, der wird irgendwann ungenießbar. Ein Schlemmertag ab und zu mit Pizza, Eis, Pralinen, Sahnetorte oder Rotwein sollte schon mal drin sein. Denn was nutzen uns am Ende die vielleicht gewonnenen Lebensjahre, wenn sie nur Frust bedeuten und uns die Lust am Leben nehmen? Es kommt wie bei den meisten Dingen auch hier auf das Maß an. Eine in der Regel ausgewogene gesunde Ernährung verzeiht uns gewiss auch gelegentliche kleine Sünden. Für mich liegt die Gefahr eher in einem übertriebenen Gesundheitsbewusstsein. Für manche ältere Menschen ist die Gesundheit heute bereits zu einer Art Ersatzreligion geworden. Der Arzt und Theologe Manfred Lütz spricht in diesem Zusammenhang bereits von einem „Gesundheitswahn". Er sagt: „Es gibt Menschen, die leben überhaupt nicht mehr richtig, die leben nur noch vorbeugend und sterben dann dafür gesund."[37]

---

[36]Vgl. Jochen Paulus, Der Demenz davonrennen, in: Psychologie Heute Nr. 06/2016.
[37]Manfred Lütz, Wer gesund stirbt ist auch tot, in: http://www.kurier.at/wissen/wer-gesund-stirbt-ist-auch-tot/753080 (Stand: 01.06.2016).

Gesundheit ist mit Blick aufs Alter gewiss ein hohes Gut, aber ich bezweifle, dass es das höchste Gut ist. Ich kenne viele ältere Menschen, die trotz gravierender gesundheitlicher Probleme auf mich einen zufriedenen und fröhlichen Eindruck machen. Es spricht natürlich nichts gegen einen gesunden Lebensstil und Prophylaxe, aber man kann es damit auch übertreiben. Die ständige Beschäftigung mit der eigenen Gesundheit macht in den seltensten Fällen glücklich. Auch hier ist eine gewisse Gelassenheit ratsam: „Denn auch wer gesund stirbt, ist definitiv tot."[38]

> **Happy-Aging-Tipp**
>
> Sinn ist die beste Medizin für ein gesundes und glückliches Leben im Alter. Nur leider gibt es sie noch nicht auf Rezept. Daher, wer gesund alt werden will, sollte mehr danach fragen, was seinem Leben Sinn gibt, als danach, wie er Krankheiten vermeiden kann. Denn bereits Platon war davon überzeugt:
> „Die ständige Sorge um die Gesundheit ist auch eine Krankheit."

5.7 Späte Sehnsucht: Reisen im fortgeschrittenen Alter

„Reisen ist die Sehnsucht
nach dem Leben."
Kurt Tucholsky

Fast jedes Jahr im Herbst halte ich es wie die Zugvögel und fliege in den Süden. Meist zieht es mich auf meine Lieblingsinsel Gran Canaria. Ich wohne dort in einer

---

[38]Ebd.

bereits in die Jahre gekommenen Appartementanlage, die diese Eigenschaft mit ihren Bewohner/innen teilt. Die meisten Gäste sind Stammgäste der Anlage und einige haben sich das Appartement nach ihrem Ruhestand gekauft und verbringen nun den Winter hier. Fast jeden Nachmittag beobachte ich von meinem Balkon in einem der oberen Stockwerke ein mich immer wieder faszinierendes Geschehen. Eine Gruppe von älteren Damen und Herren trifft sich regelmäßig am Swimmingpool, um dort gemeinsam Spaß zu haben. Bereits um halb vier Uhr am Nachmittag, wenn die größte Hitze vorbei ist, höre ich die ersten Sektkorken knallen und wenig später meist ein heiteres Lachen. Die älteren Herrschaften genießen sichtlich die vertraute Gesellschaft der Mitbewohner. Die meisten unterhalten sich angeregt miteinander und tauschen Illustrierte sowie die deutsche Tageszeitung aus. Einige Herren spielen Karten, und einige ganz Wagemutige aus der Gruppe drehen einige Runden im eiskalten Pool. Es ist für mich schön anzusehen, wie vergnügt sie hier ihren Lebensabend verbringen. Es ist keineswegs so, dass die Spuren des Alters an ihnen unmerklich vorübergegangen sind, denn ein Rollator und ein Paar Gehhilfen stehen in Reichweite. Mir fällt beim näheren Hinsehen ein braun gebranntes älteres Ehepaar auf, das es sich auf den Sonnenliegen am Pool bequem gemacht hat. Sie trägt einen auffallend bunten Bikini und er eine sehr knappe Badehose. Ich bin beeindruckt, wie selbstbewusst und unbefangen sie sich trotz ihrer runzeligen Haut und ihres hohen Alters zeigen.

Ein Herr aus diesem Kreis erzählte mir, dass er aus dem Ruhrgebiet stamme und sein Leben lang schwer gearbeitet habe. Sein Traum vom Platz an der Sonne im Alter sei für ihn nun Wirklichkeit geworden. Das Klima tue seiner Gesundheit gut, und er vermisse hier eigentlich nichts. Sogar der Bäcker um die Ecke ist aus der Heimat und liefert jeden Morgen frische Brötchen frei Haus. Das Beste seien für ihn jedoch Sonne, Sand und Meer, und er sagt: „Was will man mehr?" Dass dieses Leben fern von zu Hause aber auch seine Schattenseiten hat, erfährt man im Gespräch mit einem der Urlauberseelsorger, die auf Gran Canaria Dienst tun. Wer z. B. irgendwann auf Pflege angewiesen ist und kein Spanisch spricht, fühlt sich hier rasch unwohl und denkt an Rückkehr. Die schöne Immobilie am Meer ist nach dem plötzlichen Tod der Lebenspartnerin/des Lebenspartners auf einmal nicht mehr attraktiv. Die neue Heimat in der Ferne, die einem bislang so vertraut war, erscheint auf einmal fremd und abweisend. Wonach sich der Mensch ja letztlich sehnt, ist eine geistliche Beheimatung – ein Ort der Geborgenheit und Vertrautheit. Ob er diese auch in der Fremde finden kann, hängt davon ab, ob es ihm gelingt, dort Wurzeln zu schlagen und sich mit Land und Leuten vertraut zu machen. Von Karl Valentin stammt der Satz: „Fremd ist der Fremde nur in der Fremde." Nur wer bereit ist, sich auf die fremde Kultur und Sprache einzulassen, wird sich dort irgendwann nicht mehr nur als Gast (= als Non-Resident), sondern auch ein Stück weit als Einheimischer (= als Resident) fühlen. Gleichwohl bleiben uns vielleicht einige der Gewohnheiten, Vorlieben und Verhaltensweisen unserer neuen Heimat fremd. Es macht eben einen Unterschied, ob wir ein Reiseziel nur von Zeit zu Zeit im Urlaub ansteuern oder um dort für länger zu leben.

Doch die Frage bleibt: Weshalb steht heute Reisen im fortgeschrittenen Alter so hoch im Kurs? Wieso zieht es jedes Jahr so viele betagte Menschen in die Ferne? Wäre es für sie nicht viel bequemer die schönsten Tage des Jahres in heimischen Gefilden zu verbringen, anstatt strapaziöse Reisen zu machen? Die Motive hierzu sind vielfältig. Die Tourismusforschung unterscheidet zwischen Erholungs-,

5 Dem Sinn auf der Spur: positive Sinnquellen …

Ablenkungs-, Bildungs-, Abenteuer- und Selbsterfahrungstourismus. Für mich steht hinter dem Trend zu Reisen im fortgeschrittenen Alter aber immer auch die Sehnsucht nach einem sinnerfüllten und glücklichen Leben. In den 40er-Jahren sang Hans Albers in seinem Lied La Paloma: „Mich trägt die Sehnsucht fort in die weite Ferne, unter mir Meer und über mir Nacht und Sterne …" Wenn ich Kollegen, die kurz vor dem Ruhestand stehen, frage, was sie sich für die nachberufliche Phase vorgenommen haben, höre ich immer wieder: „Ich will noch ein paar Reisen machen." „Es gibt ja noch so viel Interessantes auf der Welt zu entdecken." Wer kennt sie nicht, die Sehnsucht nach Orten, an denen unsere Seele zur Ruhe kommt und Erholung findet? Orte, an denen wir, befreit vom Stress und der Routine des Alltags, wieder Zeit für die schönen Dinge des Lebens haben, z. B. dem Rauschen des Meeres zu lauschen oder dem Singen der Vögel bei Sonnenaufgang. Orte, an denen wir uns an den Düften und Farben der Natur erfreuen oder entspannt in einem Café sitzen und genüsslich eine gute Tasse Tee trinken und dabei über Sinnfragen ins Nachdenken geraten. Der amerikanische Schriftsteller John Strelecky hat in seinem Bestseller „Das Café am Rande der Welt: Eine Erzählung über den Sinn des Lebens" eindrücklich gezeigt, dass wir uns manchmal auf eine Reise begeben und unvermittelt mit Sinnfragen konfrontiert werden.[39] In seinem Buch landet John, ein gestresster Werbemanager, plötzlich in einem abgelegenen Café im Nirgendwo. Er hat sich verfahren und will dort nur kurz Rast machen. Auf der Speisekarte des Cafés entdeckt er neben dem Menü des Tages 3 Fragen: „Warum bist du hier? Hast du Angst vor dem Tod?

---

[39]John Strelecky, Das Café am Rande der Welt: Eine Erzählung über den Sinn des Lebens, München 2007.

Führst du ein erfülltes Leben?" Mithilfe des Kochs, der Bedienung und eines anderen Gastes wird John angeregt, über sein bisheriges Leben nachzudenken. Er erkennt, dass sein hektisches Leben in der Vorstandsetage eines großen Unternehmens ihm nicht die Erfüllung und den Sinn geben kann, nach dem er sich sehnt. Die Reise wird für ihn so letztlich zu einer Reise zu sich selbst, ja eine Reise zum Sinn.

Von Dag Hammarskjöld, dem ehemaligen Generalsekretär der UNO, stammt der Satz: „Die längste Reise ist die Reise nach innen." Für mich haben Reisen – insbesondere diejenigen im höheren Alter – immer auch eine spirituelle und religiöse Dimension und dies gilt für mich nicht nur für Pilgerreisen. Wer sich auf eine Reise begibt, beschreitet einen geistlichen Weg. Der homo viator (= der Mensch unterwegs) macht in der Fremde viele für ihn neue und ungewohnte Erfahrungen mit Menschen und Tieren, die ihn in seinem tiefsten Inneren berühren und ihn dem Geheimnis des Lebens näher bringen. Er hat dabei nicht selten das Bedürfnis nach spiritueller Einkehr und Besinnung. Er sucht nach Orten, an denen er innerlich Ruhe finden und neue Kraft schöpfen kann. Dies kann z. B. eine schöne alte Kirche sein oder ein stiller Platz im Wald oder an einem See. An diesen Orten kann es dann geschehen, dass er still wird und anfängt, in sich zu gehen und mit seiner Seele in Berührung kommt, dem unzerstörbaren göttlichen Kern seiner selbst. Die Theologin Christina Brudereck beschreibt diese Reise nach innen so:

> „Heiliger Raum
> in jedem Menschen gibt es einen heiligen Raum
> wir können ihn Seele nennen, oder Identität

wichtig ist: hier wird meine Würde gehütet
in diesem Raum gelten andere Gesetze
es gilt die Gnade und liebevolle Achtung
und die Aufmerksamkeit richtet sich auf die Sehnsucht
im heiligen Raum tritt mich niemand
niemand kommt über die Schwelle
ich bin hier für mich
der heilige Raum fasziniert und schützt
ich werde still – das Gerede bleibt außen vor
die vielen Stimmen, die auf mich einreden, – sind verstummt
ich finde Frieden
ich erlebe mich als heil
ich sehe mich neu
erst werde ich still, dann werde ich hörend
ich öffne mein Herz
weil ich auf einmal ahne: Gott wendet sich an mich
ich werde weicher und erwartungsvoll
vernehme ein anderes Reden das meine Seele beschenkt
ich will mehr
wenn ich aus meinem Raum komme beschenke ich das Leben
und weiß: ich kann ihn jederzeit wieder aufsuchen
mich in ihm bergen
ich erlebe: hier liegt meine Stärke
niemand kann mir das nehmen
in mir gibt es einen heiligen Raum
meine Seele, meine Identität
hier wird meine Würde gehütet."[40]

---

[40] Christina Brudereck zitiert am 19.08.2015 in Anstöße SWR 1 BW/ Morgengedanken SWR 4 BW von Karin Berhalter, Wangen, Katholische Kirche. Das Manuskript trägt die Überschrift: „Reise nach Innen". https://www.kirche-im-swr-de/?page=manuskripte&id=20381.

> **Happy-Aging-Tipp**
>
> Wir sollten auch im Alter nicht aufhören, von Zeit zu Zeit auf eine kleine Entdeckungsreise zu gehen. Auch in unserer näheren Umgebung gibt es viel Interessantes und Schönes zu sehen. Durch die neuen Sinneseindrücke wird unser Herz erquickt und Trübsinn gelindert.

5.8 Spätes Glück – Liebe im Alter[41]

„Ein Leben ohne Liebe
ist wie ein Baum
ohne Blüten oder Früchte."
Khalil Gibran

Karin Lamsfuß Sind Ihnen Liebespaare begegnet, die sich erst im hohen Alter bzw. im Alten- und Pflegeheim gefunden haben?

Gerhard Sprakties Immer wieder treffe ich auf bereits betagte Frauen und Männer, die sich noch einmal ineinander verlieben. Es ist berührend anzusehen, wie zwei ältere Menschen sich verliebt tief in die Augen sehen oder sich zärtlich die Hand halten. Man spürt oft eine tiefe innere Verbundenheit und Vertrautheit.

---

[41]Die Fragen zu „Liebe im Alter" wurden mir von der Journalistin Karin Lamsfuß zur Vorbereitung auf ein Interview zu diesem Thema zugeschickt. Die obigen Antworten wurden von mir vor dem Gespräch schriftlich verfasst. Das tatsächlich geführte Interview sowie die in SWR2 Glauben am 24.09.2017 ausgestrahlten Redebeiträge von mir sind nicht mit obigen Fragen und Antworten identisch. Die Sendung trug den Titel: „Dass mir so was noch mal passiert! Liebe in späten Jahren."

5 Dem Sinn auf der Spur: positive Sinnquellen …

Karin Lamsfuß Was macht diese Lieben so besonders?

Gerhard Sprakties Da ja jeder bereits auf ein langes Leben zurückblickt, ist eine neue Liebe oft wie ein neues Leben. So heißt es jedenfalls treffend in einem Schlager aus den 70er-Jahren. Viele haben bereits eine Ehe bzw. Partnerschaft hinter sich. Einige wurden von ihrem Partner bzw. ihrer Partnerin verlassen oder sind geschieden, viele sind bereits verwitwet. Dies macht es nicht immer einfach, sich unbefangen auf eine neue Beziehung einzulassen. Und auch die Kinder (falls vorhanden) und das soziale Umfeld reagieren nicht immer verständnisvoll. In der Erzählung „Späte Liebe" von Max Grün fragt die 70-jährige Witwe Margarete Gmeiner: „Warum ist die Liebe für junge Menschen ein Glück und für uns Alte eine Torheit?"[42]

Karin Lamsfuß Teilen Sie den Eindruck, dass es dabei viel mehr ums Wesentliche geht, weil der ganze Kram mit Statussymbolen (mein Haus, mein Auto …) wegfällt?

Gerhard Sprakties Der Mensch braucht zum Glücklichsein die Zweisamkeit. Er braucht ein Gegenüber, mit dem er sich austauschen kann. Er braucht jemand, der ihn tröstet, wenn er traurig ist, und jemand, mit dem er lachen kann, wenn er sich freut. Er will geliebt werden und auch selber lieben. Im Alter kommt es häufig zu einer Verinnerlichung, und das „Sein" wird wichtiger als das „Haben". Der römische Dichter Vergil sagt: „omnia vincit amor" (= alles besiegt die Liebe)!

---

[42] Max von der Grün, Späte Liebe, Erzählung, 3. Aufl., München 1999, S. 93.

Karin Lamsfuß Warum sind Erfahrungen von Sinn im Alter so wichtig? Kann Sinn auch sein, sich um einen anderen Menschen zu kümmern?

Gerhard Sprakties Der Mensch kommt nur zu sich selbst, indem er von sich weg kommt. Der Wiener Arzt für Neurologie und Psychiatrie Viktor E. Frankl sagt: „… ganz Mensch ist der Mensch eigentlich nur dort, wo er ganz aufgeht in einer Sache, ganz hingegeben ist an eine Person. Und ganz er selbst wird er, wo er sich selbst – übersieht und vergißt."[43] Und der evangelische Theologe Helmut Gollwitzer hat einmal erklärt: „Erfülltes Leben gibt es nur in Beziehungen der Liebe. Suche ich Sinn, so muss ich Liebe suchen. Suche ich Liebe, so muss ich Liebe geben …"[44]

Karin Lamsfuß Ich habe auf Ihrer Internetseite die schöne Überschrift gelesen „Das Herz wird nicht dement" – was meinen Sie damit? Können Menschen bis zum letzten Atemzug lieben?

Gerhard Sprakties Ja, die Liebe ist nicht an unser Denken, unser Gedächtnis gebunden. Auch, wenn das kognitive Gedächtnis aufgrund einer demenziellen Erkrankung schwindet, ist der Betroffene noch immer durch das Gedächtnis der Sinne, des Körpers, der Klänge und Gerüche erreichbar. Durch behutsames Streicheln, einen liebevollen Blickkontakt und das aufmerksame Gegenwärtigsein können ihm Wohlbefinden, Angenommensein, Wärme, Ruhe und Entspannung vermittelt werden.

---

[43]Viktor E. Frankl, Ärztliche Seelsorge, a. a. O., S. 160.
[44]Helmut Gollwitzer, Ich frage nach dem Sinn des Lebens, 6. Aufl., München 1974, S. 14.

Karin Lamsfuß Was heißt „abschiedlich leben", wenn man noch mal einen neuen Partner gefunden hat? Ist das nicht eine riesengroße Herausforderung, wenn man weiß, dass der andere jeden Tag gehen kann?

Gerhard Sprakties Der Begriff „abschiedlich leben" stammt von dem deutschen Philosophen Wilhelm Weischedel und wurde von der Schweizer Psychologin Verena Kast bekannt gemacht.[45] Sie meint damit, dass wir im Angesicht des Todes lernen müssen, immer wieder Abschied zu nehmen, d. h. bereit sein, uns zu verändern und Gewesenes loszulassen. Gerade im Alter kommt es darauf an, wie man mit den vielen kleinen und großen Verlusten, Trennungen und Abschieden umgeht. Es bedarf hierzu einer großen Portion Gelassenheit, die für mich v. a. aus den 3 christlichen Kardinaltugenden „Glaube, Liebe, Hoffnung" hervorgeht.

Karin Lamsfuß Wie verändern Krankheit und Tod, die ja im Altenheim sehr präsent sind, zwischenmenschliche Beziehungen?

Gerhard Sprakties Auch Krankheit, Sterben und Tod können der Liebe nichts anhaben. Im Gegenteil, sie zeigen, wie kostbar die Liebe und das Leben doch sind. Der Lebenskunstphilosoph Wilhelm Schmid schreibt: „Der Tod macht die Liebe fühlbarer, die Liebe wiederum den Tod: Wer liebt, vervielfacht nicht nur das Leben, sondern auch den Tod."[46]

---

[45]Vgl. Wilhelm Weischedel, Skeptische Ethik, Frankfurt 1980, S. 196, und Verena Kast, Trauern: Phasen und Chancen des psychischen Prozesses, 3. Aufl., Stuttgart 1983, S. 154.
[46]Wilhelm Schmid, Dem Leben Sinn geben, Berlin 2013, S. 407.

Karin Lamsfuß Wie gehen reife Paare mit dem Thema des Abschieds und der Endlichkeit um? Wie sollten sie idealerweise damit umgehen?

Gerhard Sprakties Die Tatsache, dass einer von beiden zuerst sterben wird, macht Angst. Die Auseinandersetzung mit dem Tod, der eigenen Sterblichkeit sollte nicht erst am Ende des Lebens bedacht werden. In der Bibel heißt es in Psalm 90,12: „Herr, lehre uns bedenken, dass wir sterben müssen, auf dass wir klug werden." Für mich ist der richtige Umgang mit dem Tod der Schlüssel zum Leben. Er lässt uns die gemeinsame Zeit der Liebe und Zuneigung als ein Geschenk Gottes dankbar würdigen. Der Glaube hilft, die Angst vor der Endlichkeit und dem Tod zu überwinden.

Karin Lamsfuß Sie schreiben, dass das Thema „Verlust" und „Abschied" nirgends so deutlich ist wie im Alter. Wie geht lieben, wenn Schönheit und Vitalität schwinden? Verschieben sich Werte dadurch?

Gerhard Sprakties Mit zunehmendem Alter kommt es häufig zu einer Verschiebung der Werte. In jüngeren Jahren geht es v. a. um die Verwirklichung von Erlebniswerten, wie z. B. Reisen und Sport, oder die Realisierung von schöpferischen Werten, wie z. B. kreative Tätigkeiten in Haus und Garten, oder die Arbeit. Im Alter hingegen geht es nun häufig vermehrt um Einstellungswerte wie die Pflege von Beziehungen zu geliebten Menschen, die Frage, wie ich mit den sich häufenden Verlusterfahrungen umgehe und Krankheiten und Leid bewältige. Und es geht um das Streben nach Ruhe und Gelassenheit und um die Versöhnung mit dem gelebten Leben sowie die Pflege von Erinnerungen und die Suche nach einer tragfähigen Spiritualität. Wer sich starr und unflexibel an vergehende oder vergangene Werte klammert, findet oft nicht den ersehnten Seelenfrieden. Er hadert mit seinem Schicksal und droht zu verzweifeln und zu verzagen. Eine späte Liebe kann helfen, die Spirale aus Angst und Selbstmitleid zu durchbrechen. Die französische Modeschöpferin Coco Chanel hat einmal gesagt: „Alter schützt vor Liebe nicht, aber Liebe vor dem Altern."

Karin Lamsfuß Wie integriere ich die neue Liebe in die Schatzkiste meiner bisherigen Lebenserfahrungen? Haben Sie den Eindruck, dass reife Paare die neue Liebe als „Verrat" an ihrem verstorbenen Partner empfinden? Oder ist es wichtig, seinen „Segen" zu haben?

Gerhard Sprakties Ich denke, es bedarf oft schon einer gewissen Trauerarbeit, um sich auf eine neue Partnerin/einen neuen Partner einlassen zu können. Es sollte in der neuen Beziehung möglich sein, offen über die Licht- und Schattenseiten der vorherigen Partnerschaft zu sprechen, ohne Angst haben zu müssen, dass dies zu negativen Vergleichen führt. Der Schatz der reifen Liebe sollte gerade in der Fülle der bereits gemachten Erfahrungen und Erlebnisse liegen, aus der die neue Beziehung schöpfen kann.

Karin Lamsfuß Glauben Sie, dass Gebrechlichkeit und Abschied von Fähigkeiten leichter zu ertragen sind, wenn man zu zweit ist und sich gegenseitig unterstützt?

Gerhard Sprakties Für mich heißt Menschsein immer auch Fragment sein. Wir Menschen sind ein Leben lang auf die Hilfe und Liebe anderer Menschen angewiesen. Im Neuen Testament heißt es: „Einer trage des anderen Last, so werdet ihr das Gesetz Christi erfüllen." (Gal. 6,2)

Happy-Aging-Tipp

Liebe ist keine Frage des Alters, sondern der inneren Einstellung. Wer sich eine gewisse Offenheit und Ansprechbarkeit in Herzensfragen bewahrt, wird die Liebe in späten Jahren viel intensiver genießen. Er wird durch die neu gewonnene Freiheit, die Kinder sind in der Regel aus dem Haus und die Rente erworben, in Liebesdingen viel entspannter und gelassener. Er wird sich von gesellschaftlichen Zwängen befreien und nach dem Motto leben:

Alles kann, nichts muss – im Alter ist mit der Liebe noch lange nicht Schluss!

5.9 Generativität im Alter

Herr von Ribbeck auf Ribbeck im Havelland

Herr von Ribbeck auf Ribbeck im Havelland,
Ein Birnbaum in seinem Garten stand,
Und kam die goldene Herbsteszeit
Und die Birnen leuchteten weit und breit,
Da stopfte, wenn's Mittag vom Turme scholl,
Der von Ribbeck sich beide Taschen voll.
Und kam in Pantinen ein Junge daher,
So rief er: »Junge, wiste 'ne Beer?«
Und kam ein Mädel, so rief er: »Lütt Dirn,
Kumm man röwer, ick hebb 'ne Birn.«

So ging es viel Jahre, bis lobesam
Der von Ribbeck auf Ribbeck zu sterben kam.
Er fühlte sein Ende. 's war Herbsteszeit,
Wieder lachten die Birnen weit und breit;
Da sagte von Ribbeck: »Ich scheide nun ab.
Legt mir eine Birne mit ins Grab.«
Und drei Tage drauf, aus dem Doppeldachhaus,
Trugen von Ribbeck sie hinaus,
Alle Bauern und Büdner mit Feiergesicht
Sangen »Jesus meine Zuversicht«,

Und die Kinder klagten, das Herze schwer:
»He is dod nu. Wer giwt uns nu 'ne Beer?«

So klagten die Kinder. Das war nicht recht -
Ach, sie kannten den alten Ribbeck schlecht;
Der *neue* freilich, der knausert und spart,
Hält Park und Birnbaum strenge verwahrt.
Aber der *alte*, vorahnend schon
Und voll Mißtrauen gegen den eigenen Sohn,
Der wußte genau, was er damals tat,
Als um eine Birn' ins Grab er bat,
Und im dritten Jahr aus dem stillen Haus
Ein Birnbaumsprößling sproßt heraus.

Und die Jahre gehen wohl auf und ab,
Längst wölbt sich ein Birnbaum über dem Grab,
Und in der goldenen Herbsteszeit
Leuchtet's wieder weit und breit.
Und kommt ein Jung' übern Kirchhof her,
So flüstert's im Baume: »Wiste 'ne Beer?«
Und kommt ein Mädel, so flüstert's: »Lütt Dirn,
Kumm man röwer, ick gew' di 'ne Birn.«

So spendet Segen noch immer die Hand
Des von Ribbeck auf Ribbeck im Havelland.[47]

Theodor Fontane

Das Gedicht Herr von Ribbeck auf Ribbeck im Havelland gehört sicher zu den bekanntesten deutschen Gedichten. Theodor Fontane schrieb es im Alter von 60 Jahren und erinnert darin an Hans-Georg von Ribbeck (1689–1759), einen adligen Gutsbesitzer im Havelland. Er war schon zu Lebzeiten dafür bekannt, dass er zur Erntezeit gerne seine

---

[47]https://www.vonribbeck.de/gedicht-herr-von-ribbeck-auf-ribbeck-im-havelland/.

süßen Birnen an die Kinder der Umgebung verschenkte. Und als es ans Sterben ging, sorgte er auf ungewöhnliche Weise vor. Er befahl, ihm eine seiner schmackhaften Birnen mit ins Grab zu legen. In weiser Vorausschau war ihm nämlich daran gelegen, dass auch künftige Generationen in den Segen seiner Birnen gelangen. Seinem eigenen Sohn vertraute er in dieser Hinsicht nicht. Er wusste, dass dieser „knausert und spart" und „Park und Birnbaum strenge verwahrt". Schon damals schien das Motto „Geiz ist geil" also nicht ganz unbekannt gewesen zu sein. Und so geschah es, dass nach ein paar Jahren aus dem Grab des von Ribbeck auf Ribbeck im Havelland ein neuer Birnbaum zu sprießen begann, der dann später wieder Früchte trug. Für mich ist die Ballade von Theodor Fontane ein schönes Beispiel für Generativität. Jemand lebt sein Leben nicht nur für sich selbst, sondern auch, um an andere etwas weiterzugeben. Für mich besteht der Sinn eines erfüllten Lebens immer auch darin, dass wir etwas von den eigenen Sinnfrüchten an andere weitergeben, egal ob dies bereits zu Lebzeiten oder erst nach unserem Tod geschieht. Denn es ist auch denkbar, dass jemand dafür sorgt, dass z. B. nach seinem Ableben durch eine Stiftung bzw. seinen Nachlass weiter viel Gutes geschieht.

Über das Leben von Hans-Georg Ribbeck ist außer seiner sprichwörtlich gewordenen Freigebigkeit nicht viel bekannt und doch hat ihn das Gedicht von Theodor Fontane unsterblich gemacht.[48] Und noch heute ist Ribbeck im Havelland ein beliebtes Ausflugsziel nicht weit von Berlin. Nachfahren von Hans-Georg Ribbeck sind nach der Wende nach Ribbeck zurückgekehrt und haben einen Teil des alten Anwesens zurückerworben. Sie betreiben dort eine Brennerei und einen Hofladen, in dem neben

---

[48] Es gab vor der Ballade von Theodor Fontane bereits einige andere Gedichte, die Hans-Georg Ribbeck gewidmet gewesen sind!

5 Dem Sinn auf der Spur: positive Sinnquellen …

Birnenschnaps auch andere Köstlichkeiten angeboten werden. Für Kinder gibt es dort auch ein Bilderbuch mit dem Gedicht von Theodor Fontane. Die Erinnerung an Herrn Ribbeck in Ribbeck im Havelland wird so weiter lebendig gehalten.

Für mich ist Generativität eine der wichtigsten Sinnquellen im fortgeschrittenen Alter. Doch was versteht man genau darunter und inwiefern stiftet sie Sinn? Der Begriff „Generativität" stammt ursprünglich von Erik H. Erikson (1902–1994), einem deutsch-amerikanischen Psychoanalytiker. In dem von ihm entwickelten Stufenmodell der psychosozialen Entwicklung des Menschen ist die „Generativität" die siebte Phase seines 8 Stufen umfassenden Modells. Es bezieht sich auf das mittlere Erwachsenenalter zwischen ca. 40 und 65 Jahren.

Für Erikson geht es in dieser Phase darum „Liebe in die Zukunft zu tragen" oder „zu stagnieren". Er denkt dabei zunächst daran, eigene Kinder großzuziehen oder sie als Großeltern zu betreuen. Natürlich können auch Menschen, die keine eigenen Kinder haben, generativ sein. Sie können sich um nachfolgende Generationen kümmern, z. B. indem sie sie unterrichten, sich für sie sozial engagieren und alles an sie weitergeben, was für sie nützlich sein kann. Für Erikson ist Generativität „zeugende und kreative Fürsorge".

Dies bedeutet aber nicht, sich gleichsam für andere aufzuopfern und sich dabei selbst zu vernachlässigen. Generativität richtig verstanden ist immer ein Geben und Nehmen. Das Gegenteil von Generativität ist für Erikson daher „Stagnation" bzw. „Selbstabsorption". Er versteht darunter Menschen, die ständig sich nur um sich selbst drehen und die dabei die anderen aus den Augen verlieren. Mir fiel in diesem Zusammenhang eine Abschiedsvorlesung eines bekannten Professors ein, die ich einmal besucht habe. Er erzählte ausführlich über seinen Werdegang und darüber, wie er in der hiesigen Universitätsstadt das erste Mal über eine bestimmte Brücke ging. Ein Wort fiel mir dabei besonders auf, er sagte ständig: „als ich, ich, ich ..." Und auch der letzte Satz seiner Vorlesung endete mit einem „ich werde", das sich auf ein in Kürze von ihm erscheinendes Buch bezog. Nach der Veranstaltung blieb bei mir ein ungutes Gefühl zurück, und ich habe mich gefragt, woran das lag. Erst später fiel mir auf, dass er in seinem ganzen Vortrag praktisch nicht einmal einen seiner Studenten, Assistenten, Doktoranden, Kollegen usw. erwähnt hatte. Alles drehte sich letztlich nur um ihn. Seine ganze großartige Lehrtätigkeit erschien mir so in einem fragwürdigen Licht. Es kam mir vor, als sei diese ein einziges egozentrisches Projekt der Selbstvergewisserung gewesen. Der Fairness halber sollte ich hier aber sagen, dass jener Professor durch seine Arbeiten bestimmt einen wichtigen generativen Beitrag für sein Fach geleistet hat, gleichwohl hatte mich die Selbstbezogenheit seiner Abschiedsvorlesung gestört. Der Theologe und Jesuit Michael Sievernich weist zu Recht darauf hin: „Leben heißt nicht nur, für sich selbst zu leben oder sich selbst zu verwirklichen, sondern Leben geht immer über andere und mit anderen zusammen, weil der Mensch ein soziales Wesen ist (...) Wir müssen neu lernen, dass nicht das Einzelindividuum völlig abgesehen von sozialen Bezügen leben oder sich selbst verwirklichen könnte. Sondern Selbstverwirklichung geht immer über die Beziehung zu anderen Menschen. Immer!"[49] Dass mangelnde Generativität zu einer

---

[49]Das Zitat stammt aus einem Interview von Bernd Frye mit Prof. Michael Sievernich vom 28.07.2016. Bernd Frye ist Pressereferent am Exzellenzcluster „Die Herausbildung normativer Ordnungen" an der Uni Frankfurt und freier Autor. Das Interview ist erschienen in der Ausgabe 1. 2016 von Forschung Frankfurt zum Thema „Gott und die Welt."

5 Dem Sinn auf der Spur: positive Sinnquellen ...

„Verarmung in den zwischenmenschlichen Beziehungen" und in letzter Konsequenz in die Vereinsamung führen kann, betont in diesem Zusammenhang E.H. Erikson.[50]

Ich denke, dass spätestens im fortgeschrittenen Alter sich der Mensch fragen sollte: Welche Spuren will ich einmal hinterlassen? Was ist der Sinn meines Lebens? Wie verbinde ich ihn mit der Zukunft der Nachgeborenen? Wie soll man sich einmal an mich erinnern? Für die Alterswissenschaften ist Generativität heute nicht nur ein wichtiges Thema für die mittlere Lebensphase, wie Erikson meinte, sondern auch für die nachberufliche bzw. für das höhere Alter. Nach F. Höpflinger bezieht sich Generativität „sowohl auf die Vermittlung und Weitergabe von Erfahrung und Kompetenz an jüngere Generationen als auch auf Aktivitäten, durch die ältere Menschen einen Beitrag für das Gemeinwesen leisten. Generativität wird dabei als grundlegende Leistung zur Lebensgestaltung und Sinnfindung im höheren Lebensalter wahrgenommen."[51] Viel zu lange haben wir das Alter nur aus der Perspektive der Grenzsituation und des Kompetenzverlustes gesehen. Es wird Zeit, dass wir mehr die Ressourcen und Potenziale älterer Menschen sehen. Nicht nur die jungen Alten, sondern auch diejenigen im höheren Alter haben unserer Gesellschaft etwas zu geben und wollen sie aktiv mitgestalten. Die Möglichkeiten sind vielfältig. „Als das Institut für Demoskopie Allensbach im Jahr 2012 im Auftrag des Generali Zukunftsfonds untersuchte, wie sich die Generation 65plus für Jüngere engagiert, kam heraus, dass sie mit

---

[50]Erik H. Erikson, Identität und Lebenszyklus, 7. Aufl., Frankfurt am Main 1981, S. 118.
[51]F. Höpflinger, Generativität im höheren Lebensalter. Generationensoziologische Überlegungen zu einem alten Thema, in: Zeitschrift für Gerontologie und Geriatrie 2002, Nr. 35, S. 328–334.

durchschnittlich rund 15 Stunden im Monat ihre Enkelkinder betreuen (sic) und ihren erwachsenen Kindern in Garten und Haushalt helfen (sic). Auch finanziell unterstützen sie die jüngeren Generationen regelmäßig, im Durchschnitt werden 157 Euro monatlich abgegeben."[52] Ältere Menschen engagieren sich aber auch als Mentoren für Schüler/innen und Auszubildende. Sie helfen als „Senior Experts" in Unternehmungen und in der Entwicklungshilfe. Sie engagieren sich in Vereinen, bei sozialen Hilfsorganisationen, Kirchengemeinden, der Telefonseelsorge, im Hospizdienst usw.

Selbst in den von mir betreuten Altenpflegeheimen gibt es Bewohner/innen, die noch für andere tätig sind. Ein älterer Herr hilft einem Flüchtling beim Deutschlernen und diskutiert mit ihm über grundlegende Werte unserer Kultur. Eine ehemalige Religionslehrerin bietet regelmäßig Andachten für die übrigen Heimbewohner/innen an und engagiert sich im Heimbeirat. Zahlreiche Studien haben gezeigt, dass generative Menschen in der Regel zufriedener und glücklicher sind als nichtgenerative.[53] Heiko Ernst schreibt: „Generativität ist das Gegenmittel für die seelische Mühsal des Alterns – sie wappnet gegen die Gefühle des Überflüssigseins, der Vergeblichkeit und die Nutzlosigkeit. In den späten Lebensjahrzehnten wirkt die zuvor gelebte Generativität wie ein Puffer gegen Depression und Verzweiflung: Ich habe etwas Bleibendes hinterlassen, etwas Sinnvolles getan."[54] Und v. a. der letzte Punkt erscheint mir in unserem

---

[52]Zitiert nach: Melanie Schölzke, Die Lebenskunst der Älteren. Was wir uns von ihnen abschauen können, Freiburg i. Brsg. 2015, S. 166 f.

[53]Vgl. z. B.: George E. Vaillant, Adaptation to Life. Harvard University Press, Boston 1977.

[54]Heiko Ernst, Weitergeben! Anstiftung zum generativen Leben, Hamburg 2008, S. 89 f.

5 Dem Sinn auf der Spur: positive Sinnquellen …

Zusammenhang von ganz entscheidender Bedeutung. Wer im Alter das Gefühl hat, sein Leben sei für andere ohne jede Bedeutung gewesen, ist in Gefahr, in eine tiefe Sinnkrise oder Depression zu geraten. Die Persönlichkeitspsychologin Tatjana Schnell empfiehlt daher, sich im Alter ein Ehrenamt zuzulegen.[55] Ihre Studien zur „Psychologie des Lebenssinns" haben gezeigt: „Man wird sein Leben als umso sinnstiftender erfahren, je stärker man es in einen das Ich überschreitenden, übergeordneten Zusammenhang einbetten kann und Verantwortung übernimmt. Am sinnproduktivsten ist dabei die Generativität, die wichtigste Sinnquelle überhaupt: etwas von bleibendem Wert tun oder schaffen, seine Erfahrungen, sein Wissen und Können weitergeben, sich den kommenden Generationen verpflichtet fühlen – und entsprechend handeln."[56]

Wie ein generatives Leben konkret aussehen kann, möchte ich im Folgenden an der Geschichte „Der Mann mit den Bäumen" verdeutlichen.

> **Happy-Aging-Tipp**
> Als meine Mutter infolge ihres fortgeschrittenen Alters ihren geliebten Schrebergarten nicht mehr selber bewirtschaften konnte überließ sie diesen spontan einem jungen Ehepaar mit Kind. Diese hatten eines Tages bewundernd am Gartenzaun gestanden und gefragt, wohin man sich wenden muss, um ebenfalls einen Garten zu bekommen. Die Freude meiner Mutter über das Glück der neuen Gartenbesitzer übertraf bei weitem den Schmerz über den Verlust ihrer kleinen grünen Oase.

---

[55]Tatjana Schnell, „Beim Sinn geht es nicht um Glück, sondern um das Richtige und Wertvolle", in: Psychologie Heute, Februar 2014, S. 37.
[56]Ebd.

> Die Glücksforschung hat gezeigt:
> „Wer anderen aus vollem Herzen eine Freude macht, wird selbst glücklicher."[57]

5.10 Leben, um etwas weiterzugeben: „Der Mann mit den Bäumen"

„Wer Bäume setzt, obwohl er weiß,
dass er nie in ihrem Schatten sitzen wird,
hat zumindest angefangen,
den Sinn des Lebens zu begreifen."
Rabindranath Tagore

Ein älterer Mann in Frankreich. Seine Frau ist gestorben, dann auch noch sein einziger Sohn. Wofür soll er jetzt noch leben? Er lässt seinen Bauernhof in einer fruchtbaren Ebene zurück. Nur 50 Schafe nimmt er mit. Er zieht in eine trostlose Gegend, in die Cevennen, fast eine Wüstenlandschaft. Dort kann er vielleicht vergessen. Weit verstreut liegen 5 Dörfer mit zerfallenen Häusern. Die Menschen streiten sich; viele ziehen fort. Da erkennt dieser ältere Mann: Diese Landschaft wird ganz absterben, wenn hier keine – Bäume wachsen! Immer wieder besorgt er sich einen Sack mit Eicheln. Die kleinen sortiert er aus, auch die mit Rissen wirft er fort. Die guten kräftigen Eicheln legt er in einen Eimer mit Wasser, damit sie sich richtig vollsaugen. Er nimmt noch einen Eisenstab mit, dann zieht er los. Hier und dort stößt er den Eisenstab in die Erde, legt eine Eichel hinein. – Nach 3 Jahren hat er auf diese Weise 100.000 Eicheln gesetzt. Er hofft,

---

[57]Glücksforschung: Warum schenken glücklich macht |Prinzip Apfelbaum https://magazin.mein-erbe-tut-gutes.de/impulse/gluecksforschung-warum-schenken-gluecklich-macht/ (Stand: 23.01.2019).

5 Dem Sinn auf der Spur: positive Sinnquellen ...

dass 10.000 treiben. Und hofft, dass Gott ihm noch ein paar Jahre schenkt, so weitermachen zu können. Als er im Jahr 1947 im Alter von 89 Jahren stirbt, hat er einen der schönsten Wälder Frankreichs geschaffen. Da gibt es je einen Eichenwald von 11 km Länge und 3 km Breite an drei verschiedenen Stellen! Und was sonst noch geschehen ist? Die unzähligen Wurzeln halten jetzt den Regen fest, saugen Wasser an. In den Bächen fließt wieder Wasser. Es können wieder Weiden, Wiesen, Blumen wachsen. Die Vögel kommen zurück. Selbst in den Dörfern verändert sich alles: Die Häuser werden wieder aufgebaut, angestrichen. Alle haben wieder Lust am Leben, freuen sich, feiern Feste. Keiner weiß, wem sie das zu verdanken haben, wer die Luft, die Atmosphäre geändert hat.

Die Geschichte vom Mann mit den Bäumen klingt wie ein Märchen und doch ist sie wahr. Als der Schriftsteller Jean Giono nach einer anstrengenden Wanderung durch die französischen Seealpen erschöpft an einem einsamen Haus klopfte, öffnete ihm ein alter Mann. Bei diesem handelte es sich um Elzéard Bouffier einen Schäfer. Er nahm ihn freundlich auf und gab ihm etwas zu Essen und ein Quartier für die Nacht. Bei dieser Gelegenheit erzählte er ihm seine Lebensgeschichte. Aus dieser machte Giono später das Buch „Der Mann mit den Bäumen".[58] Die Geschichte über E. Bouffier ist keine Erfolgsgeschichte im herkömmlichen Sinn. Sie klingt eher traurig und wurde dennoch in Frankreich ein Bestseller. Woran mag dies wohl liegen?

Jemand erleidet mit zunehmendem Alter tragische Verluste. Zunächst stirbt seine über alles geliebte Frau, dann sein einziger Sohn. Er fällt in tiefe Trauer und zieht sich

---

[58]Jean Giono, Der Mann mit den Bäumen, Zeichnungen von Max Hegetschweiler, übersetzt aus dem Französischen von Walter Tappolet, 10. Aufl., Theologischer Verlag Zürich 1992.

in die Einsamkeit der Berge zurück. Er ist zunächst verzweifelt und vom Schmerz gelähmt. Doch dann nimmt die Geschichte eine ungewöhnliche Wendung. Der Schäfer E. Bouffier sucht sich eine Aufgabe, deren Sinn und Zweck fragwürdig erscheint. Er pflanzt 10.000 Bäume und versucht so seiner Trauer Herr zu werden. Er handelt ganz nach dem Martin Luther zugeschriebenen Wort: „Wenn ich wüsste, dass morgen die Welt unterginge, würde ich heute noch ein Apfelbäumchen pflanzen." Bäume zu pflanzen im Angesicht von Verlust, Trauer und Einsamkeit ist für mich ein trotziges Zeichen der Hoffnung.

Auch wenn er den Segen seines Tuns selber höchstwahrscheinlich nicht mehr selber genießen kann, ist er fest davon überzeugt, dass seine Arbeit nicht umsonst ist. Er lebt nicht nach dem Motto: „Nach mir die Sintflut", sondern blickt über den eigenen Horizont hinaus und schafft durch das Pflanzen der Bäume einen neuen Lebensraum für Mensch und Tier. Darin kommt nicht nur seine Liebe zur Schöpfung zum Ausdruck, sondern auch sein Verantwortungsgefühl für die nachfolgende Generation. Wir würden sein Tun heute als nachhaltig oder generativ bezeichnen. Er lebt nicht nur für sich selbst, sondern um anderen etwas weiterzugeben. Die Geschichte „Der alte Mann und die Bäume" zeigt, dass es im Angesicht von Verlust, Trauer und Leid darauf ankommt, nicht zu verzweifeln und verzagen, sondern mutig ein „… trotzdem Ja zum Leben sagen". Trotzdem ja zum Leben sagen, so lautet auch eines der berühmtesten Bücher von Viktor E. Frankl. In ihm schildert der Wiener Arzt für Neurologie und Psychiatrie seine Erfahrungen in 4 Konzentrationslagern, in die er als Jude interniert war. An einer Stelle heißt es: „Wir müssen lernen und die verzweifelten Menschen lehren, daß es eigentlich nie und nimmer darauf ankommt, was wir vom Leben noch zu erwarten haben, vielmehr lediglich darauf: was das Leben von uns erwartet!" Und er fährt fort: „Leben heißt letztlich eben nichts anderes als: Verantwortung tragen für die rechte Beantwortung der Lebensfragen, für die Erfüllung der Aufgaben, die jedem einzelnen das Leben stellt, für die Erfüllung der Forderung der Stunde."[59] Frankl ist davon überzeugt, dass auch Leiden, Sterben, Not und Tod dem Leben seinen Sinn nicht nehmen können. E. Bouffiers Beispiel zeigt eindrücklich, wie dies aussehen kann. Vielleicht wird jetzt jemand einwenden, Bäume zu pflanzen, unter deren Schatten man selber nicht mehr sitzen kann, erscheint mir nicht sehr sinnvoll, und wozu soll das überhaupt gut sein? Solchen Skeptikern möchte ich einige Fakten entgegnen: Ein alter Laubbaum produziert täglich ca. 10–15 kg Sauerstoff. „Bei diesem Wert handelt es sich um die durchschnittliche Sauerstoff-Produktion im gesamten Jahr, also einschließlich der Zeit, in der die Laubbäume ohne Blätter dastehen. Ein Mensch verbraucht etwa 0,5–2 kg Sauerstoff pro Tag. Ebenfalls ein grob geschätzter Mittelwert, denn das hängt vom Zustand, seiner Aktivität und etlichen weiteren Variablen ab. Also kann ein ausgewachsener Baum ungefähr 10(-20) Menschen am Tag mit Sauerstoff versorgen. Damit trägt er nicht nur zur Erhaltung unseres Lebens bei, sondern auch zur Erhaltung unserer Welt!"[60] Diese wenigen Zahlen belegen meines Erachtens, wie sinnvoll das Pflanzen eines Waldes durch den Schäfer Elzéard Bouffier war.

Ein Mensch im vorgerückten Alter, der alles verloren hatte, was ihm bis dahin lieb und teuer war, zieht

---

[59]Viktor E. Frankl, … trotzdem Ja zum Leben sagen. Ein Psychologe erlebt das Konzentrationslager, 25. Aufl., München 2005, S. 125.
[60]http://www.bdkj-speyer.de/service/glaubenskiste.html?single=82 Grün oder Grau? (Stand: 30.08.2016).

sich resigniert in die Einsamkeit zurück. Ohne einen Hoferben will er seinen Bauernhof nicht länger bewirtschaften und zieht als Schäfer in die Berge. Soweit eine menschliche Tragödie wie viele andere, von denen in den Medien immer wieder berichtet wird. Aber die Geschichte nimmt eine ungewöhnliche Wendung. Statt zu resignieren und sich zu fragen, wofür sich künftig ein Leben noch lohnt, erkennt er plötzlich in der vom Absterben bedrohten wasserlosen Einöde eine neue Aufgabe für sich. Er beginnt, mit einem Eisenstab viele Tausend Eicheln mühsam in den steinigen Grund zu pflanzen, und durfte erleben, wie viele davon nach einigen Jahren zu kleinen grünen Bäumen heranwuchsen.

Im Bericht des Schriftstellers Jean Giono wird die wunderbare Verwandlung der Landschaft durch Bouffier so beschrieben:

„Ich brauchte den Namen des Dorfes, um sicher zu sein, daß ich mich wirklich in dieser ehemals so verlassenen Gegend befand. Ich stieg in Vergons aus. Im Jahre 1913 hatte dieser Weiler von zehn bis zwölf Häusern noch drei Einwohner. Es waren Halbwilde, die sich bekämpften, von der Jagd mit Schlingen lebten, in der physischen und moralischen Verfassung etwa von Menschen der Prähistorie. Brennesseln umwucherten die verlassenen Häuser. Die Lebensbedingungen waren hoffnungslos. Es handelte sich für sie nur noch darum, auf den Tod zu warten: eine Situation, die keineswegs die Tugenden begünstigt! Alles hatte sich verändert, sogar die Luft. Statt der trockenen und heftigen Winde, die mich einstmals empfingen, wehte ein leichtes Lüftchen voller Wohlgerüche. Ein Murmeln, ähnlich dem des Wassers, kam von den Höhen: Es war der Wind in den Wäldern. Und endlich das Erstaunlichste, ich hörte richtiges Rauschen des Wassers in einem Becken. Ich sah, man hatte einen Brunnen geschaffen. Wasser gab es genug, und, was mich am meisten rührte, man hatte daneben eine Linde gepflanzt, vor etwa vier Jahren, jetzt schon kräftig, ein nicht anzuzweifelndes Symbol der Auferstehung."[61]

Soweit Auszüge aus dem Bericht von Jean Giono, der Bouffier mehrfach in seinem kleinen Steinhaus in den Bergen besucht hat. Vielleicht werden Sie sich jetzt fragen: Und was soll uns diese Geschichte sagen? Ich denke sie macht deutlich, dass wir auch dann, wenn uns das Schicksal im Leben übel mitspielt, nicht dazu verdammt sind, uns ihm geschlagen zu geben. Wir können darauf vertrauen, dass auch auf ödem Land mit entsprechender Mühe neues Leben entstehen kann. Auch dann, wenn wir vom Leben bislang nicht viel Gutes empfangen haben, können wir es zu etwas Segensreichem verwandeln. Es geht letztlich darum – um es mit Worten von Hildegard von Bingen zu sagen –, Wunden in Perlen zu verwandeln. Wie aus Sandkörnern Perlen entstehen können, so kann auch aus den erfahrenen schmerzvollen Verletzungen mit viel Geduld neues Leben entstehen. Es geht letztlich darum, den Schmerz wahrzunehmen und die sich einstellenden Gefühle von Trauer, Wut und Resignation zuzulassen, um sich schließlich in einem Prozess der inneren Verwandlung mit ihnen auszusöhnen, um dann irgendwann auch einen Neubeginn zu wagen. Letztlich kann aber nur das verwandelt werden, was auch innerlich angenommen wird. Am Ende des Berichts von Jean Giono heißt es über Elzéard Bouffier:

> „Wenn ich bedenke, daß ein einziger Mann mit seinen beschränkten physischen und moralischen Kräften genügt hat, um aus der Wüste dieses ‚gelobte Land' entstehen zu lassen, dann finde ich, daß trotz allem das Leben des Menschen wunderbar ist. Wenn ich aber ausrechne, wie viel Beständigkeit, Seelengröße, Eifer und Selbstlosigkeit

---

[61] Jean Giono, a. a. O., S. 28 f.

er gebraucht hat, um dieses Ergebnis zu erreichen, dann erfüllt mich eine unbegrenzte Hochachtung vor diesem alten Bauern ohne Bildung, der aber dieses Werk zu schaffen wußte, das Gottes würdig ist."[62]

> **Happy-Aging-Tipp**
>
> Martin Luther soll einmal gesagt haben:
> „Wenn ich wüsste, dass morgen die Welt unterginge, würde ich heute noch ein Apfelbäumchen pflanzen."
> Pflanzen Sie einen blühenden oder Obst tragenden Baum. Platz dafür ist auf dem kleinsten Raum. Auch wenn Sie keinen Garten haben, Miniatur- und Bonsaibäume passen sogar auf den Balkon oder die Fensterbank.

5.11 Alt wie ein Baum: spirituelle Resilienz

Von dem tschechoslowakisch-deutschen Schriftsteller Louis Fürnberg stammt ein Gedicht, in dem er sich mit einem alten Baum vergleicht. Es lautet:

Alt möchte ich werden

Alt möchte ich werden wie ein alter Baum,
mit Jahresringen, längst nicht mehr zu zählen,
mit Rinden, die sich immer wieder schälen,
mit Wurzeln tief, dass sie kein Spaten sticht.

In dieser Zeit, wo alles neu beginnt,
und wo die Saaten aller Träume reifen,
mag wer da will den Tod begreifen –
ich nicht!

---

[62]Ebd. S. 31.

Alt möchte ich werden wie ein alter Baum,
zu dem die sommerfrohen Wandrer fänden,
mit meiner Krone Schutz und Schatten spenden,
in dieser Zeit, wo alles neu beginnt.

Aus sagenhaften Zeiten möchte ich ragen,
durch die der Schmerz hinging, ein böser Traum,
in eine Zeit, von der die Menschen sagen:
Wie ist sie schön! O wie wir glücklich sind![63]

Louis Fürnberg (1909–1957)

Die Jüngeren unter uns wird dieses Gedicht vielleicht an das Lied „Alt wie ein Baum" der DDR-Rockband Puhdys aus dem Jahr 1976 erinnern. Darin heißt es: „Alt wie ein Baum möchte ich werden, genau wie der Dichter es beschreibt." Dem Dichter Louis Fürnberg, auf den sich dieses Lied bezieht, war es übrigens nicht vergönnt, sehr alt zu werden. Er verstarb mit nur 48 Jahren an den Folgen eines Herzinfarkts. Ob Fürnberg wohl wusste, wie alt so ein Baum werden kann? Heute wissen wir, dass Deutschlands älteste Bäume mehr als tausend Jahre alt sind. Zu ihnen gehört z. B. die sog. „Femeiche" in Erle im Kreis Borken in Nordrhein-Westfalen. Ihren Namen erhielt dieser Baum von den Femegerichten, der Blutgerichtsbarkeit, die früher unter ihr abgehalten wurde. Es ist bekannt, dass schon die alten Germanen unter Bäumen Gericht hielten, „weil sie ihnen Weissagungs- und Heilkräfte zuschrieben". „Die Bäume symbolisierten Leben und Tod und galten als Zeichen der Fruchtbarkeit. Diese Form der Baumverehrung hielt sich bis ins Mittelalter."[64]

---

[63]Louis Fürnberg, Gesammelt Werke in sechs Bänden, Band 2, Gedichte 1946–1957, Aufbau-Verlag Weimar und Berlin 1965, S. 195.
[64]http://www.welt.de/wissenschaft/umwelt/article119168814/Deutschlands älteste Bäume sind 1000 Jahre alt (Stand: 13.09.2014).

Alte Bäume hatten für uns Menschen schon immer eine besondere Bedeutung. Es gibt in der deutschen Sprache eine Reihe von Redensarten, die dem Ausdruck verleihen. So heißt es z. B.: „Einen alten Baum verpflanzt man nicht", „Ich könnte Bäume ausreißen", „Der Apfel fällt nicht weit vom Stamm" (vgl. auch die Begriffe: Stammhalter, Stammbaum, Stammbuch), „Ein Mann wie ein Baum", „Vor lauter Bäumen den Wald nicht sehen", „Man darf sich nicht den Ast absägen, auf dem man sitzt", „Jemand sitzt auf dem absteigenden Ast" usw. Zu den ältesten Bäumen auf dieser Welt gehören übrigens die Grannenkiefern in Kalifornien. Sie sind zwischen 4000 und 5000 Jahre alt. Ihr Alter lässt sich – wie im Gedicht angedeutet – anhand ihrer Jahresringe oder im Labor mithilfe der Radiokarbonmethode bestimmen. Im Jahr 2004 wollen Forscher in der schwedischen Provinz Dalarna sogar einen Baum entdeckt haben, der sage und schreibe 9550 Jahre alt sei. Ihm gegenüber ist selbst der sprichwörtliche Methusalem der Bibel (Gen. 5,21 ff.) mit seinen 969 Jahren noch jung an Jahren. Doch wozu führe ich dies alles aus, und was haben alte Bäume mit uns Menschen zu tun?

Für mich ist ein alter Baum ein Sinnbild für einen betagten Menschen, der in seinem Leben schon viele Krisen und Bewährungsproben bestehen musste. Alte Bäume zeigen, wie man auch widrigen Umständen, starkem Wind und Regen, Sturm, Blitz, Schnee und Eis erfolgreich trotzen kann. Selbst längere Dürreperioden überstehen viele Bäume mühelos. So gesehen sind sie wahre Überlebenskünstler und können uns Menschen darin ein Vorbild sein. Heute ist ja viel von Resilienz (von lateinisch „resilio": abprallen, zurückspringen) die Rede, von einer inneren Widerstandskraft, Belastbarkeit und Elastizität, dank der wir auch große Lebenskrisen und Schwierigkeiten gut überstehen können. Der Begriff stammt ursprünglich aus der Werkstoffkunde und bezeichnet dort die Fähigkeit eines Materials, auch unter Anspannung und Belastung nicht zu brechen oder sich zu verbiegen. Es findet in der Regel immer wieder in seine ursprüngliche Form zurück. Ein resilienter Mensch ist vor diesem Hintergrund jemand, den so schnell nichts aus der Bahn werfen kann, ein Stehaufmännchen oder eine Person mit einer dicken Haut, die mit den Belastungen und Herausforderungen des Lebens gut zurechtkommt. Die Psychologin Ursula Nuber vergleicht einen resilienten Menschen daher mit der Fähigkeit eines Baumes, sich optimal an veränderte Bedingungen anzupassen. Sie schreibt: „Ist eine Stelle aufgrund von Belastungen besonderen Spannungen ausgesetzt, produziert der Baum weiteres Holz, um diese Spannung auszugleichen. Jeder Ast wird so konstruiert, dass er unter der enormen Pflanzenmasse, die an ihm hängt, nicht bricht."[65]

Wenn alte Bäume erzählen könnten, was sie schon alles erlebt und gesehen haben, dann würden wir bestimmt ins Staunen geraten. Für Kurt Tucholsky stand fest: „Ein alter Baum ist ein Stück Leben. Er beruhigt. Er erinnert. Er setzt das sinnlos heraufgeschraubte Tempo herab." Gerade in unserer heute oftmals so stressigen und schnelllebigen Zeit sind Bäume Ausdruck von Ruhe und Gelassenheit. Für mich strahlen sie etwas Erhabenes und Bewundernswertes aus.

Als der Universalkünstler André Heller im Jahr 2013 die Stadt Baden-Baden besuchte, schwärmte er in der Talkshow „Menschen der Woche" von Frank Elstner v. a. von der „eleganten, von prachtvollen Bäumen geadelten Stadt". Er hatte erkannt, welch großartiger Schatz diese

---

[65]Ursula Nuber, ‚So meistern Sie jede Krise', in Psychologie heute 5/1999; zitiert nach Micheline Rampe, Das Geheimnis unserer inneren Stärke. Der R-Faktor, Frankfurt am Main 2004, S. 10.

Bäume für Baden-Baden sind. Sie sind lebende Denkmäler einer längst vergangenen Zeit und ausdrucksstarke Kunstwerke der Natur. Wer diese Bäume in ihrer ganzen Einzigartigkeit und Einmaligkeit betrachtet, spürt, welche Kraft in ihnen steckt.

Für mich liegt das Geheimnis erfolgreichen Alterns in spiritueller Resilienz.

Doch was versteht man unter Spiritualität, und inwiefern wird durch sie die Resilienz gestärkt? Das Wort kommt ja ursprünglich vom lateinischen „spiritus" und bedeutet Geist. Der Logotherapeut Uwe Böschemeyer schreibt:

„Sie bezeichnet das Bewusstsein, dass der menschliche Geist seinen Ursprung einer göttlichen Wirklichkeit verdankt oder zu einer höheren Wirklichkeit in Beziehung steht. Sie ist die besondere, nicht notwendig im konfessionellen Sinne verstandene religiöse Lebenseinstellung eines Menschen, deren Grundlage die Beziehung zu einem göttlichen Sein beziehungsweise zu einer höheren Wirklichkeit ist. Spiritualität ist ein dem Geist gemäßes, vom Geist erfülltes Leben, das in eine konkrete Lebenspraxis mündet."[66]

Der Geist bezeichnet in der Logotherapie den Wesenskern des Menschen. Er steht für die geistigen Kräfte wie Liebe, Hoffnung, Freude, Freiheit, Verantwortung, Kreativität, Glaube, Mut, Humor.[67] Für mich ist ein spiritueller Mensch demnach jemand, der aus dem Geist lebt. Er ist jemand, der sich nicht mit der vordergründigen

---

[66]Uwe Böschemeyer, Von den hellen Farben der Seele. Wie wir lernen, aus uns selbst heraus zu leben, Salzburg – München 2018, S. 235.
[67]Vgl. Viktor E. Frankl, Logotherapie und Existenzanalyse. Texte aus fünf Jahrzehnten, München 1987, S. 73 ff.

Betrachtung der Wirklichkeit zufrieden gibt. Er fragt danach, was die Welt im Innersten zusammenhält, und spürt, dass es mehr gibt, als uns die Schulweisheit glauben machen will. Er ist jemand, der erkennt, dass alles auf dieser Erde auf eine geheimnisvolle Weise miteinander verbunden ist, und sich für ihre Bewahrung einsetzt. Er ist jemand, der sich für die sozialen Belange seiner Mitmenschen engagiert und ihnen mit Rat und Tat zur Seite steht. Jemand, der sich über all das Schöne auf dieser Erde und am Himmel freuen und staunen kann. Ein spiritueller Mensch ist aber auch jemand, der von den großartigen Werken der Kunst, Musik, Literatur innerlich ergriffen und verzaubert wird. Aber, er ist auch jemand, der an den kleinen und vielleicht unscheinbar erscheinenden Dingen, die uns im Alltag begegnen, nicht achtlos vorübergeht, sondern in ihnen etwas Einzigartiges, ja Faszinierendes erblickt.

Ich will den Punkt an 2 kleinen Beispielen verdeutlichen. Der Dichter Rabindranath Tagore (1861–1941) schreibt: „Über viele Jahre unter großen Kosten reiste ich durch viele Länder, sah die hohen Berge, die Ozeane. Nur was ich nicht sah, war der glitzernde Tautropfen im Gras gleich vor meiner Tür."[68] Und die Französin Margaret Montague beschreibt in einem Beitrag über Spiritualität einen eigentlich ganz alltäglichen Nachmittag im September mit folgenden Worten:

> „Ich sah nichts Neues, aber ich sah die gewohnten Dinge in einem neuen, wunderbaren Licht, das, glaube ich, ihr wahres Licht ist. Ich sah den außergewöhnlichen Glanz, die Freude am Leben in seiner Ganzheit. Jeder Mensch,

---

[68]Rabindranath Tagore, zitiert nach: Christoph Kreitmeir, Sehnsucht Spiritualität, Gütersloh 2014, S. 11.

der über die Veranda ging, jeder Spatz in seinem Flug, jeder im Wind schwankende Zweig war ein stimmiger Bestandteil des Ganzen, wie ergriffen von dieser Ekstase der Freude, der Begeisterung des rauschhaften Lebens. Ich sah diese allgegenwärtige Schönheit. So werde ich wenigstens einmal, mitten in meinem grauen Leben, ins Herz der Wirklichkeit geblickt haben und Zeugin der Wahrheit gewesen sein."[69]

Was für mich in diesen beiden Beispielen deutlich wird, es ist die Geisteshaltung, mit der die Dinge hier betrachtet werden, die das spirituelle Erlebnis ermöglicht. Für mich steht hinter der Sehnsucht nach Geistigem, nach Spiritualität, aber immer auch die Sehnsucht nach Sinn. Der Theologe und Psychologe Michael Utsch schreibt:

„Spiritualität bezieht sich also auf Sinngebung und subjektiv stimmige Wirklichkeitskonstruktion. Sie beinhaltet ganz allgemein das Bemühen, sinn-voll zu leben. Dabei macht sie inhaltlich keine Vorgaben und enthält sich weltanschaulicher Positionen. Grundsätzlich aber betont sie jedoch die Wichtigkeit einer Selbstvergewisserung und Bezogenheit auf ein Sinn-Ganzes … all diejenigen Aktivitäten besitzen eine spirituelle Qualität, durch die den zufälligen Ereignissen im Leben Sinn verliehen und versucht wird, in Harmonie und Übereinstimmung mit sich und der Welt zu leben."[70]

---

[69]Margaret Montague, zitiert nach: Michael Conradt, Spiritualität – Die Sehnsucht nach dem Geistigen, Manuskript radioWissen, Bayern 2, Sendung vom 24.04.2013, S. 5.
[70]Michael Utsch, Grenzen der Psychotherapie – Chancen der Seelsorge, in: Michael Utsch (Hg.), Wenn die Seele Sinn sucht. Herausforderung für Psychotherapie und Seelsorge, Neukirchen-Vluyn 2000, S. 88.

Viktor E. Frankl betont, dass das griechische Wort „logos" in Logotherapie sowohl Sinn als auch Geist bedeuten kann. Hier wird der Zusammenhang zu unserem Thema deutlich.

Die Bibel vergleicht den Geist mit einem Wind, mit einer dynamischen Kraft (= Élan vital), die neues Leben schafft. Im Johannesevangelium sagt Jesus zu Nikodemus: „Der Wind bläst, wo er will, und du hörst sein Sausen wohl; aber du weißt nicht, woher er kommt und wohin er fährt. So ist es bei jedem, der aus dem Geist geboren ist." (Joh. 3,8) Diese Aussage macht meines Erachtens deutlich, dass der Heilige Geist nicht nur für Christen und ihre Belange da ist, sondern für alle Menschen, ganz unabhängig davon, ob sie nun religiös sind oder nicht. Das Kennzeichen des Heiligen Geistes ist in der Bibel die Freiheit. Im 2. Korintherbrief 3,17 heißt es: „Der Herr ist der Geist; wo aber der Geist des Herrn ist, da ist Freiheit." Der Heilige Geist ist für mich ein Grenzen überwindender und Menschen verbindender Geist. Dies macht für mich v. a. das in der Apostelgeschichte beschriebene Pfingstereignis deutlich. Menschen aus ganz unterschiedlichen Ländern, mit ganz unterschiedlichen Sprachen werden durch den Heiligen Geist plötzlich in die Lage versetzt, sich untereinander zu verständigen (vgl. Apg. 2,6-8).

Für mich ist Spiritualität eine unerschöpfliche Quelle innerer Widerstandskraft (= Resilienz).[71] Sie hilft uns trotz belastender Ereignisse wie Krankheit, Sterben und Tod oder traumatischer Erfahrungen wie Kriegs- und Fluchterlebnisse unser inneres seelisches Gleichgewicht

---

[71] Vgl. Boris Cyrulnik, Glauben. Psychologie und Hirnforschung entschlüsseln wie Spiritualität uns stärkt. Weinheim 2018, S. 241 ff. (Der Neuropsychiater und „Pionier der Resilienzforschung" bietet hier einen Überblick über die neuesten Forschungsergebnisse zu diesem Thema).

aufrechtzuhalten. Dieser Glaube setzt Hoffnung frei und gibt uns die Kraft, mit all den Beschwernissen und Gebrechen, die besonders im hohen Alter verstärkt auftreten, so umzugehen, dass wir daran nicht verzweifeln und verzagen. Spirituelle Resilienz wirkt so gesehen wie ein „seelisches Immunsystem". In der Wissenschaft wird z. B. darüber diskutiert, welche positiven Effekte Spiritualität für die psychische und körperliche Gesundheit hat. Forscher gehen davon aus, dass durch sie die Lebenszufriedenheit und das Wohlbefinden verbessert werden. Sie soll vor Depressionen schützen und helfen, mit Stress und belastenden Situationen besser umzugehen. Ferner soll sie kardiovaskuläre Erkrankungen verhindern helfen und das Risiko, an Krebs zu erkranken, reduzieren. Ihr wird eine allgemein lebensverlängernde Wirkung nachgesagt. Wer sich über den Stand der Forschung zu diesem Thema näher informieren will, findet im Handbuch „Psychologie der Spiritualität" von Anton A. Bucher eine gute Übersicht.[72] Aber auch für Menschen, die sich selber nicht als religiös verstehen, gewinnt eine sich als „säkular" verstehende Spiritualität immer mehr an Bedeutung. Michael Conradt schreibt über sie:

„Tatsächlich gehören weltweit mehr als eine Milliarde Menschen keiner Religion an, in Deutschland sind es allein 20 Millionen. Viele von ihnen würden sich selbst sicherlich als spirituell bezeichnen, nur eben nicht im religiösen Sinne. Was sie praktizieren, ist eine säkulare Spiritualität. Sie wendet sich nicht an höhere Mächte, sondern findet ihre Erfüllung im Diesseits, in einer anderen Sicht auf die alltäglichen Dinge und das, was nicht jenseits von ihnen,

---

[72]Vgl. Anton A. Bucher, Psychologie der Spiritualität, Weinheim und Basel 2007, 100 ff.

5 Dem Sinn auf der Spur: positive Sinnquellen …

sondern in ihnen vermutet wird. Diese säkulare, natürlich-weltliche Spiritualität verleiht also der Wirklichkeit Zauber, statt diesen in der Transzendenz (= Jenseitigkeit, d. Vf.) zu suchen."[73]

Für diese Menschen gilt, was André Comte-Sponville in seinem Vorwort zu seinem Buch „Woran glaubt ein Atheist? Spiritualität ohne Gott" schreibt: „Atheisten haben nicht weniger Geist als andere. Warum also sollten sie sich weniger für das spirituelle Leben interessieren?"[74]

Ich möchte meine Überlegungen zu diesem Thema zusammenfassen: Wir brauchen im fortgeschrittenen Alter eine tiefe geistig-seelische Verankerung, oder um es auf das Bild vom alten Baum zu übertragen: Ein alter Baum benötigt, um die im Herbst gehäuft auftretenden Stürme gut zu überstehen, eine tiefe Verwurzelung. Erst sie gibt ihm die nötige Standhaftigkeit und den erforderlichen Halt. Eine chinesische Weisheit sagt: „Wenn die Wurzeln tief sind, braucht man den Wind nicht zu fürchten." Im eingangs zitierten Gedicht von Louis Fürnberg ist viel von „Neubeginn" die Rede und davon, dass jetzt im Angesicht des Todes „Die Saaten aller Träume reifen". Der Dichter, der sich in der ehemaligen DDR sehr für den Sozialismus engagierte, wird damit wohl den politischen Neuaufbruch gemeint haben. Für mich drücken diese Zeilen jedoch etwas ganz anderes aus. Sie erinnern mich an ein Wort des jüdischen Religionsphilosophen Martin Buber. Dieser hat einmal mit Blick auf unser Thema gesagt: „Alt sein ist eine herrliche Sache, wenn man nicht verlernt hat, was anfangen heißt." Auch für einen alten Menschen ist

---

[73]Michael Conradt, a. a. O., S. 5.

[74]André Comte-Sponville, Woran glaubt ein Atheist? Spiritualität ohne Gott, Zürich 2008.

es nie zu spät, neu anzufangen. Im fortgeschrittenen Alter kommt es besonders darauf an, alles Unnütze und Überflüssige, d. h. allen Ärger, allen Streit, alle Unruhe und Hektik, hinter sich zu lassen und die Kräfte stärker nach innen zu richten, um sich auf das Wesentliche und Bleibende, den geistig-seelischen Bereich zu konzentrieren.

> **Happy-Aging-Tipp**
>
> Spiritualität, ganz gleich ob religiös oder weltlich verstanden, braucht einen Ort, an dem sie gepflegt und zum Ausdruck gebracht wird. Schaffen Sie sich dazu in Ihrer Wohnung oder an Ihrem Arbeitsplatz einen kleinen persönlichen Hausaltar. Mit wenigen liebevoll arrangierten Bildern, Postkarten, Kunstgegenständen, Blumen, Urlaubssouvenirs oder anderen Sie ansprechenden Gegenständen schaffen Sie sich einen Ort der Inspiration und spirituellen Einkehr. Die kunstvollen Arrangements sind nicht nur ein optischer Blickfang in unserem oftmals so grauen Alltag, nein, durch sie werden auch viele positive Assoziationen geweckt, durch die wir an Körper, Geist und Seele gestärkt werden.[75]

5.12 Achtsamkeitsübung: Mein Freund der Baum

„Wer möchte leben ohne den Trost der Bäume!"
Günter Eich

Im Anschluss an diese eher theoretischen Überlegungen zum Thema „alt wie ein Baum" will ich Sie einladen, in den nächsten Tagen einmal eine Achtsamkeitsübung zu machen.

---

[75]Vgl. Denise Linn, Quellen der Inspiration. Orte der Kraft für Geist und Seele im eigenen Zuhause, München 1999.

Suchen Sie sich in Ihrer näheren Umgebung einen alten Baum, der Sie besonders anspricht. Vielleicht befindet sich in seiner Nähe eine Bank oder eine andere Sitzgelegenheit. Setzen Sie sich bequem hin und schließen Sie Ihre Augen. Versuchen Sie einmal, ganz still zu werden. Achten Sie auf das Kommen und Gehen Ihres Atems. Spüren Sie die Wärme der Sonnenstrahlen auf Ihrer Haut. Hören Sie das leise Rauschen der Blätter im Wind. Lassen Sie all die jetzt nichtigen und unwichtigen Gedanken in Ihrem Kopf los. Spüren Sie, wie die Ruhe in Ihrem Innern mehr und mehr Raum gewinnt. Genießen Sie diesen Augenblick völliger Entspannung und Gelöstheit. Vielleicht steigen jetzt aus der Tiefe Ihrer Seele Bilder in Ihnen auf, die Ihnen etwas sagen wollen. Wie dem auch sei – seien Sie offen für das, was jetzt geschieht. Nehmen Sie sich die Zeit, die Sie brauchen.

Der von Ihnen gewählte Baum ist Ihr Freund. Unter seinem Dach sind Sie geschützt und sicher. Er spendet Ihnen Schatten und frische Luft. Seine vielen Äste zeigen, dass das Leben Ihnen noch viele Wege und Möglichkeiten bietet. Aber der Baum erinnert Sie auch daran, dass alles im Leben seine Zeit hat. Es gibt eine Zeit des Grünens und Blühens, eine Zeit des Wachsens und Reifens, eine Zeit der Früchte und bunten Farben und eine Zeit der Stille und Einkehr.

So wie Ihr alter Baum seine Wurzeln tief im Erdreich verankert, um von dort Wasser und Nährstoffe zu beziehen, sollten Sie jetzt versuchen, immer mehr nach innen zu gehen, um mit Ihrer Seele in Berührung zu kommen. Sie ist der Ort, an dem Sie dem Göttlichen in Ihnen – Ihrem wahren Selbst – begegnen können. Ihr Baum mit seiner tiefen Wurzel und seinem festen Stamm und seiner hohen Krone lädt Sie zum Träumen ein – zum Träumen von einem glücklichen und erfüllten Leben.

Hören Sie auf das, was er Ihnen sagen will. Vielleicht wird Ihnen in der stillen Zwiesprache deutlich, was Ihrem Leben Sinn gibt, und Sie erkennen sich in Ihrer ganzen Einmaligkeit und Einzigartigkeit. Vielleicht finden Sie aber auch auf dem Grund Ihrer Seele den göttlichen Frieden, der höher ist als alle Vernunft und der Ihnen Halt und Geborgenheit schenkt. Und wenn Sie merken, dass für Sie die Zeit gekommen ist, Ihre kleine Reise wieder zu beenden, dann öffnen Sie jetzt langsam Ihre Augen mit einem tiefen Atemzug, der Ihnen guttut. Recken und strecken Sie sich ein wenig und machen Sie sich gestärkt und ausgeruht auf Ihren Nachhauseweg.

> **Happy-Aging-Tipp**
>
> An einem schönen Tag im Schatten zu sitzen und ins Grüne zu blicken ist die beste Erholung.[76]

5.13 Sinnfindung in der Natur

„Jeder, der sich die Fähigkeit erhält,
Schönes zu erkennen,
wird nie alt werden."
Franz Kafka

Für mich ist auch die Natur eine unerschöpfliche Quelle von Sinn und Glück. Wer mit offenen Augen die Herrlichkeit der Schöpfung wahrnimmt, der wird gestärkt an Körper, Geist und Seele. Dass Bäume und Wälder für uns Menschen nicht nur schön anzusehen sind, sondern auch

---

[76]In Anlehnung an ein Zitat der britischen Schriftstellerin Jane Austen.

einen gewissen Erholungswert besitzen, wird wohl niemand bestreiten. Aber, ob von ihnen auch eine Heilkraft ausgeht bzw. sie eine die Gesundheit fördernde Wirkung haben, war lange Zeit umstritten. Durch wissenschaftliche Untersuchungen konnte in jüngster Zeit jedoch deutlich gemacht werden, dass von ihnen positive Effekte für unsere Gesundheit und unser Wohlbefinden ausgehen. Bereits 1984 konnte der Gesundheitswissenschaftler Roger Ulrich zeigen, dass es für Patienten im Krankenhaus keineswegs gleichgültig ist, ob ihr Krankenhausfenster den Blick auf einen grünen Baum oder eine graue Hausmauer gewährt. Die Genesung derjenigen, die auf den Baum blickten, verlief deutlich schneller, und „sie benötigten auch signifikant weniger Schmerzmittel und wenn, dann reichten schwächere Wirkstoffe".[77]

Viele von uns haben ja sicher schon die Erfahrung gemacht, wie gut uns ein Spaziergang im Park oder Wald tut.[78] Doch lässt sich darüber hinaus auch eine heilende Wirkung auf uns Menschen wissenschaftlich belegen. „Der Medizinprofessor Qing Li von der Nippon Medical School in Tokio etwa analysierte Gesundheitsdaten der japanischen Bevölkerung. Er kam zu dem eindeutigen Ergebnis, dass in Waldgebieten signifikant weniger Menschen an Krebs sterben als in unbewaldeten oder gerodeten Gegenden. Die schützende Wirkung von Pflanzen zeigte sich dabei nicht nur in ländlichen Regionen, sondern auch in grünen Stadtvierteln."[79] Marc Berman von der Universität Chicago konnte die Ergebnisse

---

[77]Clemens G. Arvay, Die Waldmedizin, in: Psychologie Heute 12/2016, 65.
[78]Vgl. Miyazaki, Yoshifumi, Shinrin Yoku, Heilsames Waldbaden, Die japanische Therapie für innere Ruhe, erholsamen Schlaf und ein starkes Immunsystem, München 2018. (Prof. Yoshifumi fasst hier die Ergebnisse der neueren Forschung zum Thema Waldmedizin zusammen).
[79]Arvay, a. a. O.

aus Japan in einer Studie über den Gesundheitsstatus der Bewohner von Toronto bestätigen. Er erfasste mit seinem Team dazu die medizinischen Daten von 30.000 Menschen dieser kanadischen Metropole und verglich sie mit denen auf Satellitenbildern und Karten erfassten 500.000 Bäumen dieser Stadt. Berman stellte fest: „… dass sich der Gesundheitsstatus der Stadtbewohner in dem Maß verbessert, in dem die Anzahl der Bäume rund um ihren Lebensmittelpunkt zunimmt."[80] Er konnte nachweisen, dass das Risiko, an Herz-Kreislauf-Erkrankungen, Diabetes, Bluthochdruck und anderen typischen Zivilisationskrankheiten zu erkranken, umso geringer ist, je mehr Bäume in der Nähe eines Menschen wachsen: „Zehn zusätzliche Bäume rund um oder in einem Wohnblock von etwa 8000 m^2 Fläche verjüngen den Durchschnittseinwohner, statistisch gesehen, um sieben Jahre."[81] Doch wie lassen sich diese erstaunlichen Befunde erklären? Das Geheimnis des Gesundheitseffekts der Bäume, Sträucher und Pflanzen liegt in Duftstoffen, die diese bei der biochemischen Kommunikation mit anderen Lebewesen, wie z. B. Pilzen, abgeben. Die sog. Terpene, wie Limonene und Pimene, sind in der Lage, die Aktivität der natürlichen Killerzellen im Körper zu erhöhen und den Gehalt von bestimmten Proteinen ansteigen zu lassen. Japanische Wissenschaftler konnten nachweisen, dass dadurch z. B. potenzielle Tumorzellen unschädlich gemacht werden und noch weitere positive gesundheitsfördernde Wirkungen ausgelöst werden.[82] Professor Qing Li empfiehlt daher: „Verbringen Sie pro Monat zwei volle Tage in einem Waldgebiet und halten Sie sich dabei so lange wie möglich

---

[80]Ebd.
[81]Ebd.
[82]Ebd., S. 66 f.

im Freien auf. So bleibt die Wirkung auf das Immunsystem einen Monat lang erhalten. Danach sollte sie wieder aufgefrischt werden."[83]

Für mich ist die Natur aber auch ein Ort religiöser und spiritueller Sinnfindung.

Martin Luther schreibt: „Gott hat sein Evangelium nicht nur in der Bibel verewigt, sondern auch in den Bäumen und in den Blumen, den Wolken und Sternen." Es gibt hier in Deutschland viele Orte, an denen es eine wahre Freude ist, dem Sinn in der Natur mit allen Sinnen nachzuspüren. Für mich ist z. B. Baden-Baden solch ein Ort. Die Stadt im Tal des Flüsschens Oos mit ihren wunderbaren Parks und Gärten bietet in jeder Jahreszeit viele Möglichkeiten, sich seine Sinne inspirieren zu lassen. Der herrliche Duft der Rosen in der Gönneranlage und auf dem Baden-Badener Hausberg Beutig, die kraftstrotzenden Bäume in der Lichtentaler Allee, die herrlichen Wälder und Wiesen am Stadtrand, sie laden ein, die Schöpfung in ihrer ganzen Pracht in uns aufzunehmen. Für mich ist all das Schöne, was uns die Natur hier in reicher Fülle bietet, nicht nur ein Ort der Ermutigung zum Leben und ein Ort des Trostes und der Heilung, sondern auch ein Ort der Gotteserfahrung.

Es bedarf einer „Spiritualität der Schönheit", um die kleinen und großen Wunder in der Natur zu erkennen.[84] Vielleicht liegt ein Geschenk der späten Jahre darin, sich Zeit zu nehmen für das achtsame Betrachten all des Schönen und Staunenswerten in der Natur: die kleine blaue

---

[83]Ebd., S. 67 f.
[84]Wenn es von Gott am Anfang der biblischen Schöpfungsgeschichte im Buch Genesis heißt: „Und Gott sah alles an, was er gemacht hatte, und sah, es war sehr gut.", dann kann das hebräische Wort (‚tob') auch mit „schön" übersetzt werden (Genesis 3,31).

Blume am Wegesrand, den grün leuchtenden Käfer auf der Baumrinde, die ersten Sonnenstrahlen, die durch die Wolken brechen, oder das leise Plätschern des Wassers im nahen Bach. Eine japanische Weisheit sagt: „Willst du das Glück kennenlernen, werde so still, dass du das sich Öffnen der Blüte hörst." In der Stille werden wir eins mit der uns umgebenden Natur und spüren, dass all das sichtbare Schöne ein Abglanz ist für etwas großes Ganzes.

Aber die Schönheit der Natur entfaltet sich für mich erst, wenn wir uns ihr mit Zeit, Muße und Gefühl nähern. Viele Naturwissenschaftler versuchen, die Natur zu begreifen, aber für mich macht gerade ihr Geheimnis das Leben erst schön und lebenswert. Der Physiker Thomas Naumann von der Europäischen Organisation für Kernforschung (CERN) in Genf schreibt:

> „In der Kunst sind Wahrheit und Schönheit subjektiv und liegen im Auge des Betrachters. In der Wissenschaft jedoch ist die Natur das Kriterium der Wahrheit. Trotzdem war und ist für viele Forscher Schönheit ein wichtiges Motiv bei ihrer Suche nach Wahrheit. So pries Kepler in seinem ‚Mysterium Cosmographicum' und den ‚Harmonices Mundi' seine Gesetze als Ausdruck der Schönheit von Gottes Schöpfung. Ludwig Boltzmann leitete 1893 sein Lehrbuch über Maxwells Theorie des Elektromagnetismus mit Fausts Frage ein: ‚War es ein Gott, der diese Zeichen schrieb?' Und Heisenberg antwortete auf Einsteins Frage, warum er glaube, die Quantenmechanik sei richtig: ‚Wenn man durch die Natur auf mathematische Formen von großer Einfachheit und Schönheit geführt wird …, so kann man eben nicht umhin zu glauben, dass sie ‚wahr' sind.'"[85]

---

[85] Thomas Naumann, Standpunkt: Wahrheit und Schönheit – Forschung und Lehre vom 15.09.2018. https://www.forschung-und-lehre.de/zeitfragen/wahrheit-und-schoenheit-1021.

Doch wie viele Menschen nehmen die Schönheit der Natur, ihre Harmonie, ihre Einfachheit, Symmetrie und Ordnung heute überhaupt noch so wahr?

Wer staunt noch über die kleinen und großen Wunder, die sie für uns bereithält? Sinn finden in der Natur ist für viele Menschen heute schon deshalb schwierig, weil sie oft stunden- oder tagelang in geschlossenen klimatisierten Räumen sitzen, nicht selten bei künstlichem Neonlicht.[86] Ihre Sinne sind nicht selten abgestumpft. Das Leuchten der Sonnenstrahlen erscheint ihnen durch ihre getönten Brillengläser matt, und das Singen der Vögel nehmen sie durch die schallisolierten Fenster, wenn überhaupt, nur als störendes Hintergrundgeräusch war. Nicht wenige Menschen haben keinen direkten Bezug mehr zur Natur oder erleben sie als fremdes Gegenüber. Auch viele Bewohner/innen stationärer Altenhilfeeinrichtungen kommen nur selten an die frische Luft bzw. in die freie Natur. Auch bettlägerige Menschen können bei entsprechenden baulichen Gegebenheiten entweder im Rollstuhl/Liegerollstuhl oder in einem Pflegebett zumindest zeitweise in den Garten oder auf den Balkon gebracht werden.[87] Für mich ist es gleichsam ein Menschenrecht, von Zeit zu Zeit die Möglichkeit zu bekommen, an die frische Luft bzw. in die freie Natur gebracht zu werden.

In vielen Heimen leisten nach dem Wegfall der Zivildienstleistenden Alltagsbegleiter/innen hierbei hervorragende Dienste. Wie belebend und heilsam z. B. ein

---

[86]Vgl. Ärztezeitung online vom 26.01.2015: DKV-Studie: „Ein Volk von Sitzenbleibern" von Jonas Tauber. „Der Durchschnittsdeutsche sitzt 7,5 Stunden am Tag. Die meiste Zeit verbringt er dabei vor dem Fernseher. Die gesundheitlichen Folgen sind fatal. Doch der Wille, den eigenen Lebensstil zu ändern, fehlt bei vielen."

[87]Vgl. Gabriele Scholz-Weinrich, Michael Graber-Dünow (Hrsg.), Lebensraum Bett. Bettlägerige alte Menschen im Pflegealltag, Hannover 2015, S. 69 f.

ausgedehnter Spaziergang in der freien Natur ist, erzählen mir Heimbewohner/innen immer wieder. Wilhelm Schmid schreibt über Sinnfindung in der Natur: „Eine Fülle von Sinn wird durch die Natur auf allen Ebenen erfahrbar: sinnlicher, gefühlter und gedachter Sinn. Der nachhaltige Mensch ist einer, der schaut, denn Schauen macht glücklich: Der sinnliche und gedankliche Blick auf das feinzisilierte Wunderwerk der Natur und die zahllosen Erscheinungsformen, die sie hervorbringt, kann endloses Staunen hervorrufen – und Dankbarkeit dafür, dies sehen zu dürfen und selbst Teil davon zu sein; eine andere Seinsweise. Aus den vielen fein regulierten und weiträumig organisierten Zusammenhängen, die in der Natur sichtbar und erkennbar werden, geht ein starker Eindruck von Sinn hervor, und wo Sinn ist, da ist auch Glück."[88]

Für mich steht fest: Wer mit allen Sinnen durch die Natur geht, erlebt Sinn ganz konkret. Der kühle Wind klärt und befreit unseren Kopf von allzu schweren Gedanken, und die klare Luft hat eine belebende und erfrischende Wirkung. Das zarte Grün der Pflanzen, Wiesen und Wälder beruhigt unsere Nerven, und der Duft der Blumen und Kräuter stimuliert unseren Geist. Wer in einer Sinnkrise oder depressiven Phase steckt, sollte sich, wenn möglich, täglich mindestens für eine halbe Stunde oder länger aufraffen und hinaus in die freie Natur gehen. Einem Freund von mir hat dies nach eigenem Dafürhalten sehr geholfen, eine schwere Lebenskrise mit depressiven Phasen zu überstehen. Er hatte begonnen, täglich – auch bei Wind und Wetter – eine Zeit lang flott zu

---

[88]Wilhelm Schmid, Dem Leben Sinn geben. Von der Lebenskunst im Umgang mit Anderen und der Welt, Berlin 2014, S. 288.

gehen bzw. zu laufen.[89] Durch die regelmäßige Bewegung an der frischen Luft fühlte er sich bald zunehmend mental und körperlich gestärkt, sodass die trübsinnigen Gedanken verflogen. Der Universalkünstler Hugo Kükelhaus (1900–1984) ist der Ansicht: „Was uns erschöpft, ist die Nichtinanspruchnahme der Möglichkeiten unserer Organe und unserer Sinne, ist ihre Ausschaltung, Unterdrückung. (…) Was aufbaut, ist Entfaltung. Entfaltung durch die Auseinandersetzung mit einer mich im Ganzen herausfordernden Welt."[90]

Durch das Hinausgehen in die freie Natur erweitere ich meinen Horizont, indem ich mein Sichtfeld erweitere und mich für neue Erfahrungen und Eindrücke öffne. Dadurch gewinne ich eine neue Perspektive auf mein Leben und finde innerlich Abstand zu all den Sorgen und Problemen, die mich im Alltag belasten. Der eine wird dazu vielleicht auf den Gipfel eines Berges steigen, ein anderer wird ans Ufer eines Flusses gehen oder sich einen verwunschenen Platz tief im Wald suchen. Ein betagter Mensch wird vielleicht in den Garten oder in den Stadtpark gehen. Wichtig ist dabei allein, dass man in der Natur innerlich zur Ruhe kommt und dort neue Energie und Lebensfreude findet. Dabei ist mir v. a. „das Gehen" wichtig. Nicht ohne Grund fragen wir Personen, die wir längere Zeit nicht gesehen haben, meist: „Wie geht es dir?" Wenn diese Frage nicht nur eine nichtssagende Höflichkeitsfloskel ist, wird das Gegenüber meist antworten: „Mir geht es gut!" oder: „Mir geht es schlecht!" In jedem

---

[89]Vgl. Ulrich Strunz, Laufend gesund: So mobilisieren Sie die heilende Kraft des Körpers. Wie Sie Erkrankungen weg-laufen … Erfolgsformel meditatives Laufen …, Heyne-Verlag, München 2012.
[90]https://www.aphorismen.de/zitat/205162 (Stand: 8.01.2019).

Fall kommt darin zum Ausdruck, dass „Gehen" ein ganz elementarer Lebensvollzug ist, von großer Bedeutung für unsere Gesundheit und unser Wohlbefinden.

> **Happy-Aging-Tipp**
>
> Nehmen Sie sich möglichst jeden Tag 30 min Zeit, um die Natur zu genießen. Gehen Sie an die frische Luft und machen Sie eine kleine Achtsamkeitsübung.[91]

---

[91]Im Buchhandel finden Sie eine Vielzahl von Büchern mit Achtsamkeitsübungen für jeden Tag.

6

Happy-Ending

6.1 Die Kunst des Abdankens

„Der Sinn des Alterns ist das ‚Enden'."
Romano Guardini

Wir haben uns nun bereits viele Gedanken darüber gemacht, wie ein glückliches und sinnerfülltes Altern aussehen kann, und können mit Martin Buber sagen: „Altsein ist ein herrlich Ding, wenn man nicht verlernt hat, was anfangen heißt." Es ist wichtig, dass wir uns im Alter immer wieder neuen Aufgaben und Herausforderungen stellen, aber das Gegenteil ist meines Erachtens genauso wichtig, nämlich zu erkennen, wann es Zeit ist, mit etwas aufzuhören bzw. es zu beenden. Wie schwer fällt es z. B. vielen betagten Menschen, ihren Führerschein abzugeben oder ein lieb gewordenes Amt an Jüngere abzutreten. Das rechtzeitige Abdanken ist für mich auch eine Kunst des Älterwerdens. Fulbert Steffensky schreibt hierzu: „Abdanken ist ein schönes Wort. Es heißt, sich mit Dank verabschieden; sich selber und die eigene Weise den anderen nicht als Diktat hinterlassen; nicht erwarten, dass sie uns ähnlich sind. Abdanken heißt, mit Schmerz und in Heiterkeit zugeben, dass unsere Kinder und Kindeskinder ihre eigenen Wege gehen, so wie wir sie früher gegangen sind."[1] „Happy-Ending" bezieht sich so gesehen nicht nur auf den Tod, sondern immer auch auf die Art und Weise, Dinge und Aufgaben gelassen loszulassen. Verena Kast spricht in diesem Zusammenhang vom „abschiedlich Leben", was freilich nicht erst im Alter beginnen sollte.[2] Und doch sollte sich jeder/jede irgendwann einmal ganz bewusst mit dem Tod auseinandersetzen. Wir sollten uns fragen, was können wir tun, damit unser Leben ein gutes und friedvolles Ende findet. Mir sind dabei drei Dinge besonders wichtig. Erstens sollten wir rechtzeitig unser Haus bestellen, d. h. sehen, dass wir unsere letzten Dinge rechtzeitig regeln und ein Testament verfassen. Darin sollte nicht nur festgelegt werden, wer erbberechtigt ist, sondern auch wie unsere Bestattung einmal ablaufen soll. Ferner sollten wir uns für den Fall schwerer Krankheit eine Patientenverfügung zulegen, die regelt, welche medizinischen Behandlungen gewünscht sind. Auch sollten wir einer Person unseres Vertrauens eine Vorsorgevollmacht erteilen, damit sie für uns Dinge regeln kann, wenn wir dazu nicht mehr in der Lage sind.

Obgleich es vielen Menschen schwerfällt, diese Regelungen zu treffen, haben sie doch im Blick auf Alter, Krankheit, Sterben und Tod eine entlastende Wirkung. Von der Schriftstellerin Elke Heidenreich stammt der Satz: „Der Sinn des Lebens kann doch nicht sein am

---

[1] Fulbert Steffensky, Abdanken, S. 161, in: Nikolaus Schneider (Hg.), Als flögen wir davon. Über die letzte Wegstrecke, Hamburg 2017.
[2] Vgl. Verena Kast, Trauern: Phasen und Chancen des psychischen Prozesses, 3. Aufl., Stuttgart 1983.

Ende die Wohnung aufgeräumt zu hinterlassen." Für mich ist die gegenteilige Auffassung aber genauso richtig: Der Sinn des Lebens kann auch nicht sein, am Ende eine total zugemüllte Wohnung zu hinterlassen. Ich denke, wer rechtzeitig die genannten Maßnahmen trifft und seinen Nachlass regelt, tut nicht nur seinen Hinterbliebenen etwas Gutes, sondern sich selbst. Er kann gelassen und in Frieden sterben. So gesehen leistet eine bedarfsgerechte Vorsorge einen wichtigen Beitrag zum Happy-Ending.[3]

Neben diesen eher formalen Dingen ist für mich aber noch etwas ganz anderes wichtig. Nur wer sein Leben auch wirklich gelebt hat, ist letztlich in der Lage, sein Leben dankbar und zufrieden zu beenden. Der 14. Dalai Lama hat einmal gesagt: „Wir leben, als würden wir nie sterben, und dann sterben wir, ohne wirklich gelebt zu haben." Als ich eine hochbetagte Heimbewohnerin einmal gefragt habe, ob sie schon einmal im Urlaub war, antwortete sie sinngemäß: „Ich, ich war nie in Urlaub! Habe immer viel gearbeitet, mir nichts gegönnt und war immer für die Kinder da. Heute sitze ich hier im Heim. Meine Kinder kommen nur selten vorbei. Wie heißt es doch? Undank ist der Welt Lohn!" Die Frau machte auf mich einen sehr verbitterten und verzagten Eindruck. Ihre Worte erinnerten mich an die Thesen der Australierin Bronnie Ware. Diese hat in ihrem Buch „The Top Five Regrets of the Dying" (5 Dinge, die Sterbende am meisten bereuen) zusammengefasst, was ihrer Erfahrung nach Menschen am Ende ihres Lebens am meisten bereuen:

1. „Ich wünschte, ich hätte den Mut gehabt, mir selbst treu zu bleiben, statt so zu leben, wie andere es von mir erwarteten."
2. „Ich wünschte, ich hätte nicht so viel gearbeitet."

---

[3]Vgl. z. B. Theo Drewes, Vorsorge für Alter und Krankheit. Vollmachten und Verfügungen, München 2007.

3. „Ich wünschte, ich hätte den Mut gehabt, meinen Gefühlen Ausdruck zu verleihen."
4. „Ich wünschte, ich hätte den Kontakt zu meinen Freunden gehalten."
5. „Ich wünschte, ich hätte mir mehr Freude gegönnt."[4]

Was Bronnie Ware als Palliativpflegerin bei der Begleitung Sterbender erfahren hat, zeigt: Menschen wollen am Ende ihres Lebens das Gefühl haben, ihr Leben mit all seinen Höhen und Tiefen auch wirklich gelebt zu haben. Sie wollen die Gewissheit haben, dass sie nicht fremdbestimmt, sondern eigenverantwortlich gelebt haben. Sie wollen sich mit ihrem Leben in seiner ganzen Fragmenthaftigkeit aussöhnen, um so glücklich und sinnerfüllt das Zeitliche zu segnen.[5] Ich will schließen mit einem Zitat von Oscar Wilde:

> „Am Ende wird alles gut,
> und wenn es nicht gut ist,
> dann ist es auch noch nicht das Ende."

6.2 Sinn wartet auf uns

Stufen
Wie jede Blüte welkt und jede Jugend
Dem Alter weicht, blüht jede Lebensstufe,
Blüht jede Weisheit auch und jede Tugend
Zu ihrer Zeit und darf nicht ewig dauern.
Es muß das Herz bei jedem Lebensrufe

---

[4]Bronnie Ware, 5 Dinge, die Sterbende am meisten bereuen. Einsichten, die ihr Leben verändern werden, 8. Aufl., München 2015.
[5]Vgl. Margot Käßmann, Voller Hoffnung leben. In Frieden sterben. Das Zeitliche segnen, 5. Aufl., München 2015.

Bereit zum Abschied sein und Neubeginne,
Um sich in Tapferkeit und ohne Trauern
In andre, neue Bindungen zu geben.
Und jedem Anfang wohnt ein Zauber inne,
Der uns beschützt und der uns hilft, zu leben.

Wir sollen heiter Raum um Raum durchschreiten,
An keinem wie an einer Heimat hängen,
Der Weltgeist will nicht fesseln uns und engen,
Er will uns Stuf' um Stufe heben, weiten.
Kaum sind wir heimisch einem Lebenskreise
Und traulich eingewohnt, so droht Erschlaffen,
Nur wer bereit zu Aufbruch ist und Reise,
Mag lähmender Gewöhnung sich entraffen.

Es wird vielleicht auch noch die Todesstunde
Uns neuen Räumen jung entgegen senden,
Des Lebens Ruf an uns wird niemals enden …
Wohlan denn, Herz, nimm Abschied und gesunde![6]

Hermann Hesse

In der theologischen und philosophischen Diskussion wird darüber diskutiert, ob es im Leben darum geht, unserem Dasein einen Sinn zu geben oder einen bereits vorhandenen Sinn zu finden. Für Viktor E. Frankl steht fest: Sinn ist immer schon da. Er ist eine Gegebenheit. Er muss von uns nicht erst erschaffen oder erzeugt werden. Ein selbst erdachter subjektiver Sinn wäre eine „Fehlform von Sinn".[7]

---

[6] „Stufen", aus: Hermann Hesse, Sämtliche Werke in 20 Bänden. Herausgegeben von Volker Michels. Band 10: Die Gedichte. © Suhrkamp Verlag Frankfurt am Main 2002. Alle Rechte bei und vorbehalten durch Suhrkamp Verlag Berlin.
[7] Karlheinz Biller, Der Sinn wartet auf den Menschen, S. 26, in: Logotherapie in Aktion. Praxisfelder und Wirkungsweisen, Otto Zsok (Hrsg.), München 2002.

Es bestünde die Gefahr, dass wir uns nicht den echten Aufgaben widmen, die draußen in der Welt auf uns warten, sondern uns durch den erfundenen Sinn eine fragwürdige künstliche Gefühls- und Bedürfnisbefriedigung verschaffen. Ähnlich verhält es sich mit den Sinngefühlen, die wir durch die Einnahme von Drogen gewinnen. Es darf bezweifelt werden, ob ein selbst geschaffener subjektiver Sinn eine tragfähige Grundlage für unser Leben sein kann.

Ich will dies an einem Bild verdeutlichen: „Bodenschätze verbergen sich zunächst unter einer dicken Schicht von Geröll, Stein oder Wasser. Wir müssen sie suchen, und das ist mühsam. Weil aber diese Reichtümer und Kostbarkeiten existieren, lohnt sich auch der Aufwand ihrer Erschließung; und ihr Vorhandensein liefert den Grund für Hoffnung, dass wir fündig werden."[8] Das Beispiel zeigt: Wir müssen die Bodenschätze, wie z. B. Gold oder Silber, nicht erst in die Erde hineinlegen, um sie dann entdecken zu können. Nein, die Werte sind immer schon da, sie müssen nur gesucht und gefunden werden. Wenn der Mensch etwas zur Sinnfindung beitragen kann, dann ist es seine aktive Bemühung darum, Sinn aufzuspüren und zu realisieren. Manchmal freilich müssen wir einfach darauf vertrauen, dass der Sinn auf uns wartet. Frankl schreibt: „Jeder Tag, jede Stunde wartet also mit einem neuen Sinn auf, und auf jeden Menschen wartet ein anderer Sinn. So gibt es einen Sinn für einen jeden, und für einen jeden gibt es einen besonderen Sinn."[9]

---

[8] Stephan Peeck, Woher kommt die Kraft zur Veränderung? Neue Wege zur Persönlichkeitsentwicklung, 3. Aufl., Hamburg 2012, S. 135.
[9] Viktor E. Frankl, Das Leiden am sinnlosen Leben, 9. Aufl., Freiburg i. Brsg. 1998, S. 30.

Bei meiner Arbeit als Altenseelsorger wurde ich einmal gefragt: „Worauf soll ich denn noch warten?" Ich wollte nicht vorschnell etwas Unüberlegtes sagen und fragte daher nach, was genau mit „warten" gemeint ist. Es wurde deutlich, dass die betreffende Person sich im Heim überflüssig und nutzlos fühlt und am Sinn ihres Daseins zweifelt. Ich versuchte, ihr anhand des Gedichts „Stufen" von Hermann Hesse deutlich zu machen, dass ich davon überzeugt bin, dass Sinn in jeder Lebensstufe darauf wartet, von uns gefunden und realisiert zu werden. Es kommt letztlich nicht darauf an, was wir vom Leben erwarten, sondern darauf, was das Leben von uns erwartet. Es geht darum, zu sehen, welche Sinnmöglichkeiten jetzt im fortgeschrittenen Alter unter den Bedingungen eines Pflegeheims noch verwirklicht werden können. Dass man diesbezüglich Überraschendes erleben kann, will ich an einem Beispiel verdeutlichen.

Im Jahr 2006 wurde im Richard-Böttger-Heim in Mannheim von Stefan Hillebrand und Oliver Paulus der Kinofilm „Wir werden uns wiederseh´n" gedreht. Es handelt sich dabei um „eine skurrile Tragikomödie über Sehnsucht und Liebe, bzw. über die herrlich schrägen Seiten des vermeintlich tristen Alltags …"[10] Die Haupthandlung des Films spielt in einem Pflegeheim und beschreibt, wie sich die dortige Pflegedienstleiterin sowie eine Küchenhilfe in einen neu eingestellten Pfleger verlieben. Der Regisseur Stefan Hillebrand entdeckte bei einem Casting zum Film das Talent der 81-jährigen Heimbewohnerin Lieselotte Langer. Sie spielt im Film Frau Kramer, eine Bewohnerin, die behauptet, im Haus „Schlager singende Geister" zu sehen. Ihre Rolle beginnt mit den Worten: „Du, ich habe

---

[10]So heißt es auf der Rückseite der DVD von „Wir werden uns wiedersehn'n": Arsenal Filmverleih GmbH 2008.

einen Traum gehabt." Für Lieselotte Langer gingen mit dem Film gleich mehrere Träume in Erfüllung. In ihrem fortgeschrittenen Alter durfte sie noch einmal ins Ausland reisen und bei der Weltpremiere im spanischen San Sebastian dabei sein. Im Bonusmaterial zum Film sieht man, wie sie strahlend den tosenden Applaus des Premierenpublikums genießt und mit ihrem Rollator die Strandpromenade von San Sebastian entlangfährt.

Als ich Frau Langer kennenlernte, war sie nach einem längeren Krankenhausaufenthalt mehr oder weniger unfreiwillig ins Heim eingezogen. Ihre geliebte Wohnung im 5. OG ohne Aufzug hatte sie aufgeben müssen. Über ihr Leben erzählte sie nur wenig. Ich erfuhr später, dass sie verheiratet gewesen war und ihre Ehe nach 14 Jahren kinderlos geschieden wurde. In der Folgezeit habe sie dann mit dem „Alleinsein" klarkommen müssen.[11] Umso überraschender muss es für sie gewesen sein, in ihrem Alter noch vor einer Kamera zu stehen und von Vertretern der Presse interviewt zu werden. Im Presseheft zum Film heißt es: „In der Schule durfte sie bei einer Aufführung des Krippenspiels die Schleppe des Mohren aus dem Morgenland tragen." Und einem Reporter verriet sie: „Mir hat das großen Spaß gemacht." (…) „Es war mal was anderes … es war sehr schön!"[12] Als ich Frau Langer einige Zeit nach ihrem Kinoerfolg im Richard-Böttger-Heim besuchte, lag sie fröhlich lächelnd in ihrem Zimmer im Bett. Hinter ihr an der Wand hing ein Kinoplakat von „Wir werden uns wiedersehn'n." Sie wirkte auf mich sehr glücklich und zufrieden und

---

[11]Ich beziehe mich hier auf eine Andacht von Frau Pfarrerin Susanne Komorowski vom 17.02.2011. In ihr gab es einen Gedenkteil für Lieselotte Langer. (Ort: Richard-Böttger-Heim Mannheim).

[12]In einem SWR 4 Interview zum Film anlässlich des 55. Internationalen Filmfestival Heidelberg/Mannheim.

bat mich im Gespräch: „Wenn Sie noch mal ein Buch schreiben, dann erwähnen Sie mich bitte. Erzählen Sie, dass das Beste in meinem Leben – der Film – erst ganz am Ende auf mich gewartet hat." Frau Langer wurde 84 Jahre alt. In einer Pressemitteilung der Mannheimer Zeitung über ihre Rolle im Film heißt es: „Vor allem Lieselotte Langer muss man nennen, eine alte Dame von verblüffender Präsenz und Wärme. Sie agierte vor der Kamera einfach souverän."[13]

6.3 Prinzip Hoffnung – unser Sinnhorizont

> „Hoffnung ist nicht die Überzeugung, dass etwas gut ausgeht, sondern die Gewissheit, dass etwas Sinn hat, egal wie es ausgeht."
> Václav Havel

„Die Hoffnung stirbt zuletzt", dieses Sprichwort höre ich bei meinen Besuchen im Heim immer wieder. Ich habe mich gefragt, ob es wirklich stimmt? Stirbt die Hoffnung und, wenn ja, geschieht dies zuletzt? Gibt es auch Hoffnungen, die überhaupt nicht sterben? Für mich ist ein glückliches und sinnerfülltes Leben ohne Hoffnung jedenfalls nicht denkbar. Sie gibt Kraft, stiftet Sinn und macht Mut zum Leben. Für mich ist das Leben von Viktor E. Frankl ein Beleg dafür, dass selbst im Angesicht der Gaskammern von Auschwitz die Hoffnung nicht zu sterben braucht. In seinem Buch „… trotzdem Ja zum Leben

---

[13] Zitat aus dem Mannheimer Morgen im Presseheft zum Film. http://www.wir-werden-uns-wiedersehen.com/de/WWUW_PressetextDE.pdf.

sagen. Ein Psychologe erlebt das Konzentrationslager" beschreibt er eindrücklich, wie er seinen Mithäftlingen versuchte Mut zu machen.[14] Frankl hatte wiederholt erlebt, wie Mitgefangene die die Hoffnung aufgegeben hatten, rasch von einer todbringenden Krankheit dahingerafft wurden oder ihrem Leben selber ein Ende setzten, indem sie in den mit elektrischer Hochspannung geladenen Stacheldraht liefen.[15] Er schreibt: „Wer es weiß, welch innige Zusammenhänge zwischen der Gemütslage eines Menschen und so auch Affekten wie Mut und Hoffnung bzw. Mutlosigkeit und Hoffnungslosigkeit auf der einen Seite und auf der anderen Seite der Immunitätslage des Organismus bestehen, dem wird es auch verständlich erscheinen, welche tödlichen Auswirkungen das jähe Versinken in Hoffnungslosigkeit und Mutlosigkeit haben kann …"[16] Es gibt heute einige Studien, die zeigen, dass Hoffnung eine lebensverlängernde Wirkung hat. Sie stärkt z. B. die Widerstandskraft unheilbar kranker Menschen und hilft so, den Krankheitsverlauf günstig zu beeinflussen.[17]

Der Mensch wird sich mit fortschreitendem Alter immer mehr seiner Sterblichkeit und Endlichkeit bewusst und spürt, dass ihm nur noch eine begrenzte Lebenszeit zur Verfügung steht. Das böse Wort von der „Restlaufzeit" macht bereits die Runde.[18] Resignation und Verzweiflung können ohne Hoffnung die Folge sein. Sätze wie „Früher

---

[14]Viktor E. Frankl, … trotzdem Ja zum Leben sagen. Ein Psychologe erlebt das Konzentrationslager, 25. Aufl., München 2005.

[15]Vgl. ebd., S. 38.

[16]Ebd., S. 122.

[17]Vgl. Boris Hänssler, Hoffnung als Medizin, S. 28, in: Psychologie Heute 08/2018, S. 28 ff.

[18]Vgl. Hajo Schumacher, Restlaufzeit. Wie ein gutes, lustiges und bezahlbares Leben im Alter gelingen kann, Köln 2014.

war alles besser" oder „Worauf soll ich noch hoffen" deuten an, dass die Zukunft negativ gesehen wird. Die Angst vor dem Alter und seinen Folgen raubt vielen den Lebensmut, und Trübsinn breitet sich aus. Der Philosoph Ernst Bloch schrieb im Vorwort zu seinem Hauptwerk „Prinzip Hoffnung": „Es kommt darauf an das Hoffen zu lernen."[19] Doch wie soll das gehen, das Hoffen lernen? Gibt es nicht Dinge, die man nicht willentlich intendieren kann. Viktor E. Frankl weist diesbezüglich darauf hin: „Glaube, Liebe, Hoffnung lassen sich nicht manipulieren und fabrizieren. Niemand kann sie befehlen. Selbst dem Zugriff des eigenen Willens entziehen sie sich. Ich kann nicht glauben wollen, ich kann nicht lieben wollen, ich kann nicht hoffen wollen – und vor allem kann ich nicht wollen wollen."[20] Glaube, Liebe, Hoffnung bedürfen eines Grundes. Wer jemanden zum Lachen bringen will, muss ihm schon einen Witz erzählen.

Der Mensch braucht, solange er lebt, etwas, worauf er sich freuen und warten kann, er braucht ein Ziel in der Zukunft. Dabei denke ich nicht nur an die großen Hoffnungen, wie z. B. auf Heilung von einer schweren Krankheit oder ein Leben bei Gott, nein, ich denke an all die kleinen Lichtblicke und Hoffnungszeichen, die es bei achtsamer Betrachtung im Alltag von uns allen zu finden gilt. Es kommt darauf an, immer wieder einmal einen Blick durch das Fenster der Hoffnung zu werfen. Wir werden zunächst vielleicht nur unscheinbare kleine Schimmer von Hoffnung entdecken, ein paar blühende Blumen im Vorgarten, einen singenden Vogel auf der Fensterbank, einen Sonnenstrahl der durch die Wolken bricht, das fröhliche Lachen von Kindern im Hof, die besinnliche

---

[19] Ernst Bloch, Prinzip Hoffnung, Frankfurt am Main 1973.
[20] Viktor E. Frank, Ärztliche Seelsorge, a. a. O., S. 76.

Geschichte auf dem Kalenderblatt, den schönen Gesang aus dem Radio usw. Es kommt letztlich darauf an, in den kleinen Zeichen der Hoffnung den Abglanz einer viel größeren Hoffnung zu sehen, die nicht sterben kann.

„Die amerikanische Pflegewissenschaftlerin Kaye Herth geht davon aus, dass Hoffnung von mehreren Seiten angetrieben wird: von einem unterstützenden sozialen Umfeld, von dem Gefühl, Ziele erreichen und Herausforderungen bewältigen zu können, und nicht zuletzt von der Spiritualität: religiösen Aktivitäten, einer wahrgenommenen spirituellen Präsenz oder einem Gefühl der Vereinigung mit etwas, das jenseits von uns und doch Teil von uns ist."[21]

Hoffnung entsteht also immer dann, wenn sich ein Mensch auf etwas ausrichtet, was größer ist als seine vorhandene Not und Verzweiflung. Wenn er darauf vertraut, dass durch den Nebel der Hoffnungslosigkeit immer wieder Sinnstrahlen voll Wärme und Licht sein Herz erreichen. Die Psychotherapeutin Irmtraud Tarr schreibt:

„Hoffen lässt offen und baut auf Vertrauen, das Trauer und Depression sich zurückziehen, dass es Zuverlässigkeit gibt, dass der andere einen nicht im Stich lässt, dass ein Versprechen eingehalten wird, das es Heilung gibt, dass die alten Verletzungen das Leben nicht beherrschen müssen, dass es Versöhnlichkeit gibt. Älterwerden, das auf Wünschen aufbaut, ist gefährdet und enttäuschungsanfällig. Hingegen Älterwerden, das auf Hoffnung baut, ist nach vorn offen und voller Aussichten, da wir selbst es sind, die zählen, und nicht Bedingungen, von deren Erfüllung wir abhängen."[22]

---

[21] Zitiert nach Boris Hänssler, a. a. O., S. 30.
[22] Irmtraud Tarr, Lebe deine eigene Melodie. Eine Anstiftung zum Älterwerden, Gütersloh 2012, S. 162.

Vielleicht wird jetzt jemand einwenden, das ist zwar alles schön und gut, aber entspricht es auch meinen Erfahrungen. Musste ich nicht schon öfter erleben, wie meine Hoffnungen plötzlich zerplatzten wie Seifenblasen im Wind. Da beginnt z. B. eine Beziehung mit so viel Liebe und zerbricht dann doch an den Widrigkeiten des Alltags. Da hofft jemand darauf, dass die verflossene Partnerin noch einmal zurückkehrt, und wartet vergeblich. Da hofft jemand auf Heilung und erlebt, wie die Krankheit trotz aller ärztlichen Bemühungen immer weiter voranschreitet. Da gibt sich jemand große Mühe, ein berufliches Projekt zum Erfolg zu führen, und muss erleben, dass es trotz aller Anstrengungen scheitert. Ist es im Angesicht all der Enttäuschungen, die Menschen immer wieder erleben, nicht geradezu töricht, sich allzu große Hoffnungen zu machen. Ist es bei all den düsteren Zukunftsprognosen nicht besser, alle Hoffnungen aufzugeben. Dies fordert jedenfalls der slowenische Kulturkritiker und Philosoph Slavoj Žižek in seinem Buch „Der Mut zur Hoffnungslosigkeit".[23] Er sieht die Welt durch Krieg, Terror und ökologische Verwüstungen am „Nullpunkt der Hoffnungslosigkeit" angelangt und fordert uns auf, alle Hoffnungen fahren zu lassen. Erst wenn es keine Hoffnung mehr gibt, wird der wahre Mut freigesetzt, durch den eine Veränderung, ein fundamentaler Wandel, stattfinden kann. Genauso skeptisch über die Hoffnung äußerte sich bereits der römische Dichter Ovid, wenn er sagt: „Hoffen und Harren macht Menschen zum Narren."[24] Doch wie es jemandem ergeht, der auf nichts mehr hofft und auf nichts mehr harrt, möchte ich abschließend an einer kleinen Geschichte verdeutlichen. Sie heißt die **„Parabel vom modernen Menschen"**:

---

[23]Slavoj Zižek, Der Mut zur Hoffnungslosigkeit, Frankfurt am Main 2018.
[24]Publius Ovidius Naso, Heroides 16, 234.

„Ein moderner Mensch verirrte sich in einer Wüste. Tage- und nächtelang irrte er umher. Wie lange braucht man, um zu verhungern und zu verdursten? Das überlegte er sich beständig. Er wusste, dass man länger ohne Nahrung leben kann, als ohne etwas zu trinken. Die unbarmherzige Sonnenglut hatte ihn ausgedörrt. Er fieberte. Wenn er erschöpft ein paar Stunden schlief, träumte er von Wasser, von Orangen und Datteln. Dann erwachte er zu schlimmerer Qual und taumelte weiter. Da sah er in einiger Entfernung eine Oase. Aha, eine Fata Morgana, dachte er. Eine Luftspiegelung, die mich narrt und zur Verzweiflung treiben will, denn in Wirklichkeit ist gar nichts da. Er näherte sich der Oase, aber sie verschwand nicht. Sie wurde im Gegenteil immer deutlicher. Er sah die Dattelpalmen, das Gras und die Felsen, zwischen denen ein Quell entsprang. Es kann natürlich eine Hungerfantasie sein, die mir mein halb wahnsinniges Hirn vorgaukelt, dachte er. Solche Fantasien hat man ja in meinem Zustand. Natürlich – jetzt höre ich sogar das Wasser sprudeln. Eine Gehörhalluzination. Wie grausam die Natur ist! – Mit diesen Gedanken brach er zusammen. Er starb mit einem lautlosen Fluch auf die unerbittliche Bösartigkeit des Lebens. Eine Stunde später fanden ihn zwei Beduinen. ‚Kannst du so etwas verstehen?', sagte der eine Beduine zum anderen. ‚Die Datteln wachsen ihm in den Mund – er hätte nur die Hand auszustrecken brauchen. Und dicht neben der Quelle liegt er, mitten in der schönen Oase – verhungert und verdurstet. Wie ist das nur möglich?' ‚Er war halt ein moderner Mensch', antwortete der andere Beduine. ‚Er hat nicht daran geglaubt.'[25]

Die Parabel vom modernen Menschen zeigt, wie es jemand ergeht, der auf nichts mehr hofft und auf nichts mehr harrt. Gerade er wird von seinem eigenen Verstand

---

[25]Kadidja Wedekind, Parabel vom modernen Menschen, in: Werner Trutwin (Hrsg.), Forum Religion 1, Rechenschaft vom Glauben, Düsseldorf 1985, S. 29.

genarrt und stirbt im Angesicht der Oase. Es ist im fortgeschrittenen Alter, aber nicht nur dann, wichtig, mit welchen Informationen wir unseren Geist füttern. Die Medien sind ja heute wahre Künstler in der Rekonstruktion misslingenden Lebens. Es wundert mich daher nicht, dass viele Menschen eine von Trübsinn und Hoffnungslosigkeit geprägte Stimmung erfasst. Wer sich ständig diesen bedrückenden Nachrichten aussetzt, muss sich nicht wundern, wenn sich dies auf Körper, Seele und Geist negativ auswirkt. Der beste Weg, um das Hoffen zu lernen, ist für mich daher immer noch der Weg in die Stille. Ich möchte schließen mit einem Wort des russischen Malers Serge Poliakoff, er sagt: „Stille ist nicht die Abwesenheit von Lärm, sondern ein Schweigen, das den Menschen Augen und Ohren öffnet für eine andere Welt."

7

Nachwort

Die Hauptthese dieses Buches lautete: Ohne Sinn ist ein glückliches und erfülltes Alter(n) nicht möglich.[1] Sinn ist der Treibstoff, die Kraft, die neues Leben schafft. Ohne ihn gerät unser Leben ins Stocken und verliert sein Ziel und seinen Inhalt. Die Folge sind dann nicht selten Sinnkrisen ganz unterschiedlicher Art, wie z. B. Trübsinn, Starrsinn usw. Suche ich Glück, so muss ich Sinn suchen, denn wir brauchen einen Grund, um glücklich zu sein. Von allein stellt sich Glück nur in den seltensten Fällen ein. Dies gilt nicht nur in jungen Jahren, sondern besonders auch im Alter. Sinn und Glück finden wir durch die Beschäftigung mit einer Aufgabe oder Sache, die uns interessiert, oder durch die Hingabe an eine Person, zu der wir uns liebend

---

[1] Vgl. Emily Esfahani Smith, Glück allein macht keinen Sinn. Die vier Säulen eines erfüllten Lebens. Aus dem Amerikanischen von Annika Tschöpe, München 2018. (Die amerikanische Originalausgabe erschien 2017 unter dem Titel „The Power of Meaning" bei Crown, New York).

hingezogen fühlen. Gotthold Ephraim Lessing schreibt: „Alt macht nicht das Grau der Haare, alt macht nicht die Zahl der Jahre, alt ist, wer den Humor verliert und sich für nichts mehr interessiert."[2] Drei Dinge tragen auch im Alter ganz maßgeblich dazu bei, glücklich zu sein: gute zwischenmenschliche Beziehungen, Lernprozesse und das Leben im Hier und Jetzt. Das Sinnerleben – auch das im Alter – entsteht durch einen „aktiven Weltbezug", der von Situation zu Situation und von Person zu Person wechselt. Um glücklich und sinnerfüllt alt zu werden, bedarf es daher immer wieder der individuellen Sinnvergewisserung und spirituellen Lebensdeutung. Aber erst im Lichte eines „Übersinns" erhält unser Leben seine zusammenhängende Bedeutsamkeit. Ohne Sinn, d. h. das Gefühl der Verstehbarkeit, Bewältigbarkeit und Bedeutsamkeit, fühlen wir uns nicht selten einem blinden Schicksal ausgeliefert. Um mit den sich im Alter häufenden körperlich-seelischen Beeinträchtigungen und Verlusterfahrungen besser umgehen zu können, bedarf es einer Haltung der heiteren Gelassenheit (= Frohsinn) und achtsamen Gegenwärtigkeit. Nur so kann es uns gelingen, im Angesicht von Krankheit, Sterben und Tod glücklich und sinnerfüllt alt zu werden. Ich will meine Überlegungen zu diesem Buch mit einem Gedicht von Hilde Domin beschließen, die uns auffordert:

„Nicht müde werden
sondern dem Wunder
leise
wie einem Vogel
die Hand hinhalten."[3]

---

[2]Gotthold Ephraim Lessing zitiert nach: Hrsg. Bernhard Weber, Schreck-Gespenst Alter: Weises und Witziges zum Thema Altwerden, Books on Demand, Norderstedt 2016, S. 41.
[3]Hilde Domin, Gesammelte Gedichte, 11. Aufl., Frankfurt am Main 2006, S. 294.

Literatur

Arvay, C. G. (2016). Die Waldmedizin. *Psychologie Heute 2016*(12), 64–69.

Barth, K. (1955). *Die Kirchliche Dogmatik* (Bd. IV/1). Zürich: Evangelischer Verlag.

Bauhofer, U. (2013). Mit diesen Tricks werden Sie 100 Jahre alt. http://www.welt.de/gesundheit/article118687558/Mit-diesen-fuenf-Tricks-werden-Sie100-Jahre-alt.html.

Bejick, U. (2017). Erfolglos altern – mit allen Sinnen (unveröffentlichtes Manuskript). Sie hielt den Vortrag am 16.10.2017 auf der Jahrestagung der Altenseelsorge der Evangelisch-lutherischen Landeskirche in Hannover.

Berben, I. (2005). *Älter werde ich später: Das Geheimnis schön und sinnlich, fit und entspannt zu sein*. München: Goldmann.

Biller, K. (2002). Der Sinn wartet auf den Menschen. In Otto Z. (Hrsg.), *Logotherapie in Aktion*. München: Kösel.

Bischofsberger, I. (Hrsg.). (2008). *Das kann ja heiter werden. Humor und Lachen in der Pflege* (2. überarbeitete u. erweiterte Aufl.). Bern: Huber.

Blasberg-Kuhnke, M. (1985). *Gerontologie und Praktische Theologie. Studien zu einer Neuorientierung der Altenpastoral.* Düsseldorf: Patmos.

Bloch, E. (1973). *Prinzip Hoffnung.* Frankfurt a. M.: Suhrkamp.

Böger, A., & Huxhold, O. (2014). Ursachen, Mechanismen und Konsequenzen von Einsamkeit im Alter: Eine Literaturübersicht, Aus der Altersforschung, Informationsdienst Altersfragen 41(1).

Bojack, B. (2003). *Depressionen im Alter. Ein Ratgeber für Angehörige.* Bonn: Psychiatry-Verlag.

Böschemeyer, U. (2003). *Worauf es ankommt. Werte als Wegweiser.* München: Piper.

Böschemeyer, U. (2018). *Von den hellen Farben der Seele. Wie wir lernen, aus uns Selbst heraus zu leben.* München: Ecowin.

Bosmans, P. (1991). *Nimm dir Zeit zum Glücklichsein. Brevier für jeden Tag* (3. Aufl.). Freiburg i. Brsg.: Herder.

Buber, M. (2001). *Ich und Du.* Stuttgart: Gütersloher Verlagshaus.

Bucher, A. (2007). *Psychologie der Spiritualität.* Weinheim: Beltz.

Cacioppo, J. T., & Patrick, W. (2011). *Einsamkeit. Woher sie kommt, was sie bewirkt, wie man ihr entrinnt.* Heidelberg: Spektrum Akademischer Verlag.

Comte-Sponville, A. (2008). *Woran glaubt ein Atheist? Spiritualität ohne Gott.* Zürich: Diogenes.

Conradt, M. (24. April 2013). Spiritualität – Die Sehnsucht nach dem Geistigen. Manuskript radioWissen, Bayern 2.

Cyrulnik, B. (2018). *Glauben. Psychologie und Hirnforschung entschlüsseln, wie Spiritualität uns stärkt.* Weinheim: Beltz.

de Beauvoir, S. (2008). *Das Alter* (4. Aufl.). Hamburg: Rowohlt.

Domin, H. (2006). *Gesammelte Gedichte* (11. Aufl.). Frankfurt a. M.: Fischer.

Drewes, T. (2007). *Vorsorge für Alter und Krankheit. Vollmachten und Verfügungen.* München: Goldmann.

Ducret-Ineichen, G. (2005). Trüb-Sinn-Erhellung. Durch Melancholie und Depression auf den Spuren des Logos. Diplomarbeit für das Institut für Logotherapie und Existenzanalyse nach V. E. Frankl, CH-Chur.

Einstein, A. (1980). *Mein Weltbild*. Frankfurt a. M.: Ullstein.
Erikson, E. H. (1981). *Identität und Lebenszyklus* (7. Aufl.). Frankfurt a. M.: Suhrkamp.
Ernst, H. (2008). *Weitergeben! Anstiftung zum generativen Leben*. Hamburg: Hoffmann & Campe.
Eschmann, H. (2003). Heilung durch Sinnfindung? Der Beitrag der Logotherapie und Existenzanalyse Viktor E. Frankls für die Seelsorge, überarbeiteter Vortrag, gehalten am 31. Mai 2003 auf dem 4. Internationalen Kongress für Psychotherapie und Seelsorge in Marburg. http://www.akademieps.de/.../1813-DO5-2003-05-27-Eschmann,%20Holge. Zugegriffen: 16. Nov. 2012.
Frankl, V. E. (1975a). *Ärztliche Seelsorge* (8. Aufl.). München: Kindler.
Frankl, V. E. (1975b). *Anthropologische Grundlagen der Psychotherapie*. Bern: Huber.
Frankl, V. E. (1987a). Grundriß der Existenzanalyse und Logotherapie. In V. E. Frankl (Hrsg.), *Logotherapie und Existenzanalyse. Texte aus fünf Jahrzehnten*. München: Piper.
Frankl, V. E. (1987b). *Logotherapie und Existenzanalyse*. Weinheim: Beltz.
Frankl, V. E. (1988). *Der unbewusste Gott. Psychotherapie und Religion* (7. Aufl.). München: dtv.
Frankl, V. E. (1989). *Der Mensch vor der Frage nach dem Sinn. Eine Auswahl aus dem Gesamtwerk* (7. Aufl.). München: Piper.
Frankl, V. E. (2005). *...trotzdem Ja zum Leben sagen. Ein Psychologe erlebt das Konzentrationslager* (25. Aufl.). München: Huber.
Frankl, V. E. (2009). *Das Leiden am sinnlosen Leben. Psychotherapie für heute* (20. Aufl.). Freiburg: Herder.
Freud, S. (1960). *Briefe 1873–1939*. Frankfurt a. M.: Fischer.
Fritsch, M. (Hrsg.). (2012). *Das kleine Buch für zwischendurch: Gelassenheit*. Freiburg i. Brsg.: Herder.
Fürnberg, L. (1965). *Gesammelte Werke in sechs Bänden, Bd. 2. Gedichte 1946–1957* (S. 195). Weimar: Aufbau.

Generali Altersstudie 2013. (2012). Wie ältere Menschen leben, denken und sich engagieren, hrsg. vom Generali Zukunftsfond und dem Institut für Demoskopie Allensbach, Frankfurt a. M.

Gollwitzer, H. (1974). *Ich frage nach dem Sinn des Lebens* (6. Aufl.). München: Kaiser.

Gräb, W. (2006). *Religion als Deutung des Lebens: Perspektiven einer Praktischen gelebter Religion.* Gütersloh: Gütersloher Verlagshaus.

Grimm, B. A. (2006). *Älter wird man in jedem Alter. Aussöhnung mit einer Selbstverständlichkeit.* St. Ottilien: EOS.

Gross, P. (2013). *Wir werden älter Vielen Dank. Aber wozu? Vier Annäherungen.* Freiburg i. Brsg.: Herder.

Grün, A. (2002). *Die hohe Kunst des Älterwerdens* (2. Aufl.). Münsterscharzach: Vier Türme.

Grün, A. (2013). *Stille im Rhythmus des Lebens, Von der Kunst, allein zu sein.* Gütersloh: Gütersloher Verlagshaus.

Haberl, T. (2017). „Ich kann noch Karotten schnippeln, aber für mehr reicht es nicht". Interview mit Alfred Biolek in: Süddeutsche Zeitung Magazin, S. 132–137.

Habermas, J. (1985). *Die Neue Unübersichtlichkeit. Kleine Politische Schriften V.* Frankfurt a. M.: Suhrkamp.

Hänssler, B. (2018). Hoffnung als Medizin. *Psychologie Heute 2018*(8), 28–33.

Hesse, H. (2002). Sämtliche Werke in 20 Bänden, Herausgegeben von Volker Michels, Band 10: Die Gedichte, © Suhrkamp Verlag Frankfurt am Main. Alle Rechte bei und vorbehalten durch Suhrkamp Verlag, Berlin.

Hesse, H. (2016). *Insel-Kalender für das Jahr 2017, zusammengestellt von Volker Michels.* Berlin: Suhrkamp .

Höpflinger, F. (2002). Generativität im höheren Lebensalter. Generationensoziologische Überlegungen zu einem alten Thema. *Zeitschrift für Gerontologie und Geriatrie 35,* 328–334.

Hossfeld, F. L. (1990). Graue Panther im Alten Testament? – Das Alter in der Bibel. *Arzt und Christ, 36*(1), 1–11.

Josuttis, M. (2000). *Segenskräfte: Potentiale energetischer Seelsorge.* Gütersloh: Gütersloher Verlagshaus.

Jung, N. et al. (Hrsg.). (2012). *Auf dem Weg zu gutem Leben. Die Bedeutung der Natur für seelische Gesundheit und Werteentwicklung.* Opladen: Budrich.
Käßmann, M. (2015). *Voller Hoffnung leben. In Frieden sterben. Das Zeitliche segnen* (5. Aufl.). München: Adeo.
Kast, V. (1983). *Trauern: Phasen und Chancen des psychischen Prozesses* (3. Aufl.). Stuttgart: Kreuz.
Klugmann, N. (1982). *Es muß im Leben doch mehr als alles geben.* Hamburg: Kreuz.
Kreitmeir, C. (2014). *Sehnsucht Spiritualität.* Gütersloh: Gütersloher Verlagshaus.
Kuhn, J. (1981). *Warum bist du so, Gott? Hiob, der Fragende* (2. Aufl.). Stuttgart: Quell.
Kurz, W. (1985). Seel-Sorge als Sinn-Sorge: Zur Analogie von kirchlicher Seelsorge und Logotherapie. *Wege zum Menschen, 37,* 225–237.
Kurz, W. (1986). Der leidende Mensch im Lichte der Logotherapie, Einführung in das psychotherapeutische Denken Viktor E. Frankls. *Zentralblatt für Jugendrecht, 73*(4), 121–172.
Lama, D. (2008). *Der Sinn des Lebens.* Freiburg i. Brsg.: Herder.
Langenscheid, F. (2012). *Langenscheidts Handbuch zum Glück* (6. Aufl.). München: Heyne.
Linn, D. (1999). *Quellen der Inspiration. Orte der Kraft für Geist und Seele im eigenen Zuhause.* München: Droemer.
Lütz, M. Wer gesund stirbt ist auch tot. http://www.kurier.at/wissen/wer-gesund-stirbt-ist-auch-tot/753080. (Stand: 01.06.2016).
Lukas, E. (2006). *Wertfülle und Lebensfreude.* München: Profil.
Márquez, G. G. (2002). *Leben, um davon zu erzählen, Roman.* Köln: Kiepenheuer & Witsch.
Matthiae, G. (2013). *Wo der Glaube ist, da ist auch Lachen. Mit Clownerie zur Glaubensfreude.* Freiburg i. Brsg.: Kreuz.
Metzger, J. (2017). *Blütezeit. Angenehme Gefühle sind nicht bloß Selbstzweck. Nur wer sich gut fühlt, ist offen für die Welt, kann wachsen und „aufblühen". Flourishing nennt das die positive Psychologie* (S. 30–33). Weinheim: Psychologie Heute compact.

Mills, P. J., et al. (2015). The role of gratitude in spiritual well-being in asymptomatic heart failure patients. *Spirituality in Clinical Practice 2*(1), 5–17.

Müller, W. (2006). *Allein – aber nicht einsam* (2. Aufl.). Münsterschwarzach: Vier Türme.

Naumann, T. (2018). Standpunkt: Wahrheit und Schönheit – Forschung und Lehre. https://www.forschung-und-lehre.de/zeitfragen/wahrheit-undschoenheit-1021. Zugegriffen: 15. Sept. 2018.

Nuber, U. (2016). *Eigensinn. Die starke Strategie gegen Burn-out und Depression – Für ein selbstbestimmtes Leben.* Frankfurt a. M.: Fischer.

Oechsle, U. (2005). Lebenslust im Alter – Von den Chancen und Grenzen des Alters, Vortrag vom 22.10.2005 beim Prälaturtag der LageS in Marbach. http://www.lages.wue.de/index.php?id=51&no_cache=1&file… (Stand: 16.11.2012).

Opaschowski, H. W., & Reinhardt, U. (2007). *Altersträume – Illusion und Wirklichkeit.* Darmstadt: Primus.

Paulus, J. (2016). Der Demenz davonrennen. *Psychologie Heute 2016*(6).

Peeck, S. (2012). *Woher kommt die Kraft zur Veränderung. Neue Wege zur Persönlichkeitsentwicklung* (3. Aufl.). Hamburg: Ellert & Richter.

Pfaller, L. (2016). *Anti-Aging als Form der Lebensführung.* Wiesbaden: Springer VS.

Pöhlmann, H. G. (1977). Die Altenarbeit der Kirche unter besonderer Berücksichtigung der Altenbildung. *Zeitschrift für Gerontologie, 10,* 15–25.

Preißinger, I. (2004). *Gesprächsorientierte Biographiearbeit und Erinnerungspflege zur Verbesserung der Lebensqualität im Alter. Ein didaktisch-methodisches Konzept zur Weiterbildung und Qualifizierung von Altenpflegerinnen und Altenpflegern.* Inaugural-Dissertation, Bamberg.

Raab, P. (2017). *Wenn es Zeit wird anzukommen: Ein spiritueller Blick auf das Älterwerden.* Freiburg i. Brsg.: Herder.

Rampe, M. (2004). *Der R-Faktor: Das Geheimnis unserer inneren Stärke.* Frankfurt a. M.: Eichborn.

Riedel, I. (1983). Selbsttranszendenz – Vertrauen als die Kunst, über sich hinauszugehen, DVD HF16-P6D, Auditorium Netzwerk, Müllheim 2016. (Plenumsvortrag auf dem Kongress: Spiritualität im Leben (2.–5. Juni 2016, Akademie Heiligenfeld, Bad Kissingen)).

Rosenmayr, L. (1983). *Die späte Freiheit: Das Alter – Ein Stück bewußt gelebten Lebens.* Berlin: Severin und Siedler

Rüegger, H. (2016). *Vom Sinn im hohen Alter. Eine theologische und ethische Auseinandersetzung.* Zürich: Theologische.

Ruhland, R. (2006). *Sinnsuche und Sinnfindung im Alter als geragogische Herausforderung.* Berlin: LIT.

Sacks, O. (2008). *Der Mann, der seine Frau mit einem Hut verwechselte.* Hamburg: Rowohlt.

Sacks, O. (2015). *Dankbarkeit.* Hamburg: Rowohlt.

Schlumpf, E. (2004). *Wenn ich einst alt bin, trage ich Mohnrot. Neue Freiheiten genießen* (3. Aufl.). München: Kösel.

Schmid, W. (2014). *Dem Leben Sinn geben. Von der Lebenskunst im Umgang mit Anderen und der Welt.* Berlin: Suhrkamp.

Schmid, W. (2012). *Unglücklich sein. Eine Ermutigung.* Berlin: Insel.

Schmid, W. (2014). *Gelassenheit: Was wir gewinnen, wenn wir älter werden* (9. Aufl.). Berlin: Insel.

Schneider, N. (Hrsg.). (2017). *Als flögen wir davon. Über die letzte Wegstrecke.* Hamburg: Kreuz.

Schneidereith-Mauth, H. (2015). *Ressourcenorientierte Seelsorge. Salutogenese als Modell für seelsorgliches Handeln.* Gütersloh: Gütersloher Verlagshaus.

Schnell, T. (2014). Beim Sinn geht es nicht um Glück, sondern um das Richtige und Wertvolle. *Psychologie Heute 2014* (Februar), 37–41.

Schölzke, M. (2015). *Die Lebenskunst der Älteren. Was wir uns von ihnen abschauen können.* Freiburg i. Brsg.: Kreuz.

Scholz-Weinrich, G., & Graber-Dünow, M. (Hrsg.). (2015). *Lebensraum Bett, Bettlägerige alte Menschen im Pflegealltag.* Hannover: Schlütersche.

Schorege, H.-D. (1988). *Sind die Kirchen noch zu retten? Eine Antwort an ihre Anhänger, Kritiker, Verächter und Emigranten.* Freiburg i. Brsg.: Christophorus.

Schumacher, H. (2014). *Restlaufzeit. Wie ein gutes, lustiges und bezahlbares Leben im Alter gelingen kann.* Köln: Eichborn.

Seiwert, L. (2015). *Das Neue Zeit-Alter. Warum es gut ist, dass wir immer älter werden.* Genf: Ariston.

Smith, E. E. (2018). *Glück allein macht keinen Sinn. Die vier Säulen eines erfüllten Lebens.* München: Mosaik.

Spilling-Nöker, C. (1998). *Finde deinen Weg. Geschichten und Gedichte zum Nachdenken.* Offenbach/M.: Jünger Medien + Burckhardthaus-Laetare.

Sprakties, G. (2013). *Sinnorientierte Altenseelsorge, Die seelsorgliche Begleitung alter Menschen bei Demenz, Depression und im Sterbeprozess.* Neukirchen-Vluyn: Neukirchener.

Stemmler, P. (1992). *Platons Dialektik: Die frühen und mittleren Dialoge.* Berlin: DeGruyter.

Strelecky, J. (2007). *Das Café am Rande der Welt: Eine Erzählung über den Sinn des Lebens.* München: dtv.

Strunz, U. (2012). *Laufend gesund: So mobilisieren Sie die heilende Kraft des Körpers. Wie Sie Erkrankungen weg-laufen … Erfolgsformel meditatives Laufen.* München: Heyne.

Stutz, P. (2011). *Kleines Buch vom Kreis des Lebens.* Freiburg i. Brsg.: Herder.

Tacke, H. (1975). *Glaubenshilfe als Lebenshilfe. Probleme und Chancen heutiger Seelsorge.* Neukirchen-Vluyn: Neukirchner.

Tarr, I. (2012). *Lebe deine eigene Melodie. Eine Anstiftung zum Älterwerden.* Gütersloh: Gütersloher Verlagshaus.

Tarr, I. (2014). *Eigensein entdecken. Lustvoll älter werden.* Freiburg i. Brsg.: Kreuz.

Tauber, J. (26. Januar 2015). DKV-Studie: „Ein Volk von Sitzenbleibern". *Ärztezeitung online.*

Tenzer, E. (2005). *Älter werden jetzt. Happy Aging statt forever young.* Frankfurt a. M.: Krüger.

Tillich, P. (1982). *Die verlorene Dimension, Not und Hoffnung unserer Zeit.* Hamburg: Furche.

Utsch, M. (Hrsg.). (2000). *Wenn die Seele Sinn sucht. Herausforderungen für Psychotherapie und Seelsorge.* Neukirchen-Vluyn: Neukirchner.

Vaillant, E. G. (1977). *Adaption to life.* Boston: Harvard University Press.

von der Grün, M. (1999). *Späte Liebe, Erzählung* (3. Aufl.). München: Deutscher Taschenbuch Verlag.

von der Grün, M. (2014). *Schönheit. Eine neue Spiritualität der Lebensfreude.* Münsterschwarzach: Vier Türme.

Ware, B. (2015). *5 Dinge, die Sterbende am meisten bereuen. Einsichten, die ihr Leben verändern werden* (8. Aufl.). München: Goldmann.

Weber, B., & Alter, S.-G. (2016). *Weises und Witziges zum Thema Altwerden.* Norderstedt: Book on Demand.

Weber-Gast, I. (1980). *Weil du nicht geflohen bist vor meiner Angst* (4. Aufl.). Mainz: Matthias-Grünewald.

Wedekind, K. (1985). Parabel vom modernen Menschen. In W. Trutwin (Hrsg.), *Forum Religion 1, Rechenschaft vom Glauben.* Düsseldorf: Patmos.

Weischedel, W. (1980). *Skeptische Ethik.* Frankfurt a. M.: Suhrkamp.

Wenzel, G. I. (1800). *Die Kunst, gesund: jugendlich stark und schön auch im Alter zu bleiben.* Wien: Anton Doll.

Yoshifumi, M. (2018). *Shirin Yoku, Heilsames Waldbaden: Die japanische Therapie für innere Ruhe, erholsamen Schlaf und ein starkes Immunsystem.* München: Irisiana.

Žižek, S. (2018). *Der Mut zur Hoffnungslosigkeit.* Frankfurt a. M.: Fischer.

MIX
Papier aus verantwortungsvollen Quellen
Paper from responsible sources
FSC® C105338

If you have any concerns about our products,
you can contact us on
ProductSafety@springernature.com

In case Publisher is established outside the EU,
the EU authorized representative is:
**Springer Nature Customer Service Center GmbH
Europaplatz 3, 69115 Heidelberg, Germany**

Printed by Libri Plureos GmbH
in Hamburg, Germany